映照奋斗美

2024
最美巾帼奋斗者故事汇

全国妇联宣传部

学习出版社

图书在版编目（CIP）数据

芳华映照奋斗美 ：2024最美巾帼奋斗者故事汇 ／
全国妇联宣传部编. -- 北京 ：学习出版社,2025. 2. --
ISBN 978-7-5147-1308-4

Ⅰ．K828.5

中国国家版本馆CIP数据核字第2025H9R323号

芳华映照奋斗美
FANGHUA YINGZHAO FENDOUMEI
——2024最美巾帼奋斗者故事汇
全国妇联宣传部

责任编辑：张 俊
技术编辑：胡 啸
装帧设计：映 谷

出版发行：学习出版社
　　　　　北京市崇文门外大街11号新成文化大厦B座11层（100062）
　　　　　010-66063020　010-66061634　010-66061646
网　　址：http://www.xuexiph.cn
经　　销：新华书店
印　　刷：北京侨友印刷有限公司

开　　本：710毫米×1000毫米　1/16
印　　张：13.5
字　　数：151千字
版次印次：2025年2月第1版　2025年2月第1次印刷

书　　号：ISBN 978-7-5147-1308-4
定　　价：69.00元

如有印装错误请与本社联系调换，电话：010-66064915

前　言

　　为深入学习贯彻习近平新时代中国特色社会主义思想和党的二十大精神，深入学习实践习近平文化思想，认真落实习近平总书记关于妇女儿童和妇联工作的重要论述，团结动员广大妇女坚定不移听党话、跟党走，2024年三八国际妇女节来临之际，中央宣传部、全国妇联向全社会宣传发布2024年"最美巾帼奋斗者"先进事迹。

　　黄会林、张荣华、柯晓宾、张雨霏、苏琴、石玉莲、刘菊妍、惠敏莉、付巧妹、左莉10名全国三八红旗手标兵光荣入选2024年"最美巾帼奋斗者"。她们坚持以习近平新时代中国特色社会主义思想为指导，与党同心、跟党奋进、锐意进取、奋勇争先，有的在乡村振兴主战场拼搏实干，有的在科技创新前沿勇攀高峰，有的在竞技赛场上敢打敢拼，有的在危险紧要关头迎难而上，有的耄耋之年仍耕耘在三尺讲坛，有的为高铁安全高效运行保驾护航，有的为非遗文化传承工作贡献力量……她们以行动建功新时代，以奋斗创造美好生活，在新征程上谱写了无愧于时代的巾帼华章。

芳华 映照奋斗美　　目　录

2024
最美巾帼奋斗者故事汇

芳华

映照奋斗美

2024
最美巾帼奋斗者故事汇

人物小传

黄会林

北京师范大学资深教授，中国文化国际传播研究院院长，北师大戏剧与影视学科创办者、带头人，中国高校第一位电影学博士生导师。获评全国三八红旗手标兵、最美巾帼奋斗者等。

黄会林：祖国的需要就是我的责任

苏　容

90岁的黄会林自我介绍时喜欢说，我是北师大的一名老教师。事实上，她是中国影视教育界的传奇人物，不仅开创了影视教育学科，更引领中国影视学术研究实现突飞猛进的发展。

战场考验为人生定调

20世纪初，天津是中国北方文化艺术的先锋城市。黄会林的父亲从事文化艺术工作。也因此，众多文化名人经常出入于黄家，他们一起谈戏论剧，幼小的黄会林听不懂这些叔叔阿姨在说些什么，而大人们也不会想到这娃娃有一天会从事与戏剧相关的职业，种子落地是在不知不觉间发生的。日后戏剧专业并不是黄会林的主动选择，但事实证明，她非常擅长。

6岁时，黄会林随母亲搬到上海，1948年，14岁的她进入苏州振华女中读书。振华女中经常有爱国演讲会、辩论会、爱国演

出……这些活动成为黄会林爱国思想的启蒙。1950 年，黄会林随家人迁回北京，插班入读北京师范大学附属中学。这年 6 月，朝鲜战争爆发，在"抗美援朝、保家卫国"的口号下，全班 40 多人都递交了入伍申请书，最后只有 4 名学生被批准，黄会林是其中之一。她说："抗美援朝经历是我生命的新起点，是我价值观确立时期。在此之前，我是什么都不懂的中学生。"

◆ 青年黄会林在抗美援朝时期

入朝后，很多战友对 16 岁的黄会林那两条粗粗的麻花辫印象深刻，可对她而言，每次洗头是最麻烦的事，尤其是在滴水成冰的季节，战场条件艰苦，没有脸盆没有肥皂，她只能去找小河沟，敲开河面的冰来洗头，洗完后每根头发都被冻成细细的"小冰棍"，她就捡来小树枝，对着"小冰棍"梆梆敲，冰掉下来了，头发也干了，于是马上编起发辫，跟着部队继续行军。

她是作为宣传员进入高炮团队政治处宣传队的，高炮团队一直奋战在前线，黄会林也不断经受着生死考验，一次惊心动魄的经历，让她最终克服了恐惧。一天早饭后，她和战友照例按照 3 人成组、每组间隔 50 米的队形出发去前线。刚走到半路，就听到美军轰炸机的引擎声由远及近，紧接着，黑色的炸弹自天而降。战友高喊："快趴下！"黄会林以手掩头顺势卧倒在路边一个小弹坑里。炸弹在身边轰然炸响，掀起飞沙走石，她和同组的两名战友瞬间被沙土掩埋。等飞机渐渐远去，周围重新安静下来后，3 人才扒开头顶厚厚的土层爬出来。"我们还活着！"这是黄会林的第一个感受，她往周围一看，两个刚刚炸开的巨大弹坑仅相距十几米，而 3 人就站在这两个弹坑中间。"原来死并没有那么容易！"就在那一刻，与死神擦肩而过的黄会林反而不怕了，从此，再没有怕过。

另一次经历，则让她记住了责任。那就是著名的清川江大桥保卫战。

清川江大桥是朝鲜北部的一座铁路桥，后方的给养要通过这座大桥运往前线，所以美国飞机不断轰炸，经常低空扫射，一梭子子弹下来，弹壳弹出来打在钢盔上噔噔响。有一次战斗打了七天七夜，上千架次敌机轰炸扫射。连队测高班的班长叫刘兴沛，健康开朗，头一天，黄会林还和他一起擦炮弹吃干粮，第二天敌机来袭，向测高机投弹，刘兴沛扑上去，仪器保住了，他却牺牲了。这次战役，黄会林所在的高炮团牺牲了 100 多人，很多人连名字都没留下。白天浴血奋战，晚上埋葬牺牲的战友，这段经历让她刻骨铭心。后来黄会林入选 100 名人民功臣，是其中受表彰的唯一一名女兵。她说："所有活下来的战友心里想的都是要继承战友的遗志，从此肩上扛的一半是自己的责任，一半是烈士未竟的事业，以后不可以跟祖国讲价钱，而是祖国需要我们做什么就去做什么。"

北国剧社复活中国话剧梦想

1954 年 1 月，带着中国人民志愿军功臣称号和朝鲜民主主义人民共和国银质军功章，黄会林到北京师范大学附属工农速成中学插

班学习，用一年半时间补完了高中课程。1955 年，她被保送到北师大中文系。因为当时教育战线缺人，全年级 160 多人中有 12 人提前毕业留校任教，黄会林和同班同学绍武（也是她后来的伴侣）都在其中。

那是 1958 年。组织上问黄会林想从事什么专业，她回答说自己喜欢古典文学，因为从小背了很多诗词歌赋，觉得特别美。但当时，最缺的是现代文学专业的老师。黄会林服从组织分配，从头学起，开始研究"鲁郭茅巴老曹"（鲁迅、郭沫若、茅盾、巴金、老舍、曹禺 6 位作家的合称），她称之为自己的第一次专业定型。

黄会林的第一次专业转型是在做了 20 年助教以后。出人意料的是，一位教师的转型后来竟在中国现代戏剧史上留下浓墨重彩的一笔。

改革开放后，教育部部署教学改革，北师大现代文学学科将现代文学分为小说、诗歌、戏剧、散文四大类。当时黄会林已经协助丈夫绍武写了电影剧本《梅岭星火》，后来又创作了多幕话剧《故都春晓》，领导就安排她负责戏剧课程。没想到，黄会林主讲的《现代戏剧研究》课程一炮而红，学生们说，上黄老师的课，地下掉一根针都能听见。当时已经是戏剧家、作家的绍武却提出，戏剧教学除了要在课堂上带学生分析剧作，还有一半要立在舞台上，要知行合一，理论和实践相结合。黄会林深以为然，立刻组织学生写剧本，很快就有不少学生交了 60 多个剧本。黄会林与绍武带着学生认真挑选剧本，选了浪漫、现实、抒情和荒诞四种类型的四部戏进行了排演。

正式演出当天，气温将近 40 摄氏度，500 座的演出教室爆满，还有一些学生挤在楼道里，邀请出席的戏剧专家无一人缺席。演出结束后，戏剧专家们激动地感叹：谁说中国话剧会亡？中国话剧的生命力就在北师大！适逢1986年国际莎士比亚戏剧节在中国举办，中国戏剧家协会的专家提议请北京师范大学的学生们参演，北国剧社应运而生——这也是中国首个写进百年中国话剧史的当代学生业余演剧社团。黄会林在回顾剧社名称的由来时说："当年田汉先生在上海组建南国艺术学院、南国剧社，上海大报曾以'中国之有戏剧当自南国始'为题做过报道，我们身在北京，崇拜田老，追慕南国剧社，于是取名北国剧社。"

北国剧社成立于1986年1月10日晚，北京人民艺术剧院、青年艺术剧院、中央戏剧学院、中国戏剧家协会的众多专家参加了成立大会，黄宗江先生来得比较晚，进门就开玩笑地说："我走错了吧？这里是中国剧协主席团在开会吗？"曹禺先生为北国剧社题写赠言："大道本无我，青春长与君。"

北国剧社的演员有中文系的、生物系的、教育系的、心理系的……他们为国际莎士比亚戏剧节排演的是莎士比亚最青春的一部戏《第十二夜》，如何出新呢？绍武出了个主意，要出新，全反串，所有的角色都由女生扮演。同时，又为不服输的男生们选了莎士比亚创作的一部皆为男性角色的剧《雅典的泰门》，这是此剧在中国的首演。天寒地冻，搭布景的学生在还没安暖气的后台一干就是通宵。为了省钱，大伙在黄会林社长家染布、裁剪、缝纫、做服装……后来有人回忆：那年的冬天特别冷，那年的冬天又特别温暖。

北国剧社在首都剧场的演出非常轰动，国家领导人发来贺信，曹禺先生看过5次，第一次看完，他上台对演员们说："我只有一个问题……"大家立刻开始紧张，准备听批评，曹老接着说："你们怎

么可以演得这么好？！"全场欢腾。这说明北国剧社这个业余社团的演出达到了专业水平。之后国家领导人访问英国，北国剧社演莎翁剧的8张剧照被作为国礼送给伊丽莎白女王。

黄会林一直认为，高校对于中国戏剧来说有着不可替代的作用，校园是中国戏剧复兴的地方，"校园戏剧是承载学子青春活力和创造梦想的最佳载体之一"。黄会林家的客厅成了北国剧社的聚集地，剧社在首都话剧舞台上越来越活跃，连续4次登上北京首都剧场。2006年排演的话剧《枣树》获"五个一工程"奖，2011年排演的话剧《最后的小丑》获北京市第三届大学生戏剧节最佳剧目奖。

白手起家的艺术系

又一次从零开始的时候，黄会林已经58岁，还有两年就要退休了。

20世纪90年代初，我国的影视教育人才少之又少，国家教委下达批文，北京师范大学创建影视教育专业，黄会林再次挑起重担。1992年，辅仁大学旧址后院一个四处漏风的废弃的化学药品小仓库成了艺术系的大本营。房子年久失修，下雨天要带着脸盆接水，更没有一件像样的家具，办公室里最现代化的东西只是一部旧电话机。艺术系主任黄会林带领几位青年教师，从北师大到位于北京西城区护国寺定阜大街的旧仓库，在每天的奔波中，探讨出了"1、2、3、4"："1"是一个目标，作为综合性大学要区别于专业院校，目标是培养头脑型人才、复合型人才；"2"是两个翅膀，建最前沿的影视专业，同时不丢掉传统的艺术学科；"3"是三根柱子，前两根是教学和科研，第三根是实践，师生下到摄制组、制片厂学习，同时创建以校园为主阵地的大学生电影节；"4"是四个特色，构建合理的学科架构，争取在全国高校首家设立电影学博士点。为了可持续发展培养青年教师，在当时电影理论全盘西化的情况下，倡导中国自己的民族化电影美学。

这其中，创立大学生电影节堪称中国当代电影史上的重要标志。黄会林拼尽全力，四方求助，终于在1993年春天，以"青春激情、学术品位、文化意识"为主旨的北京大学生电影节正式开启。如今，北京大学生电影节已成为品牌，推动了中国电影事业的发展，是我国影视人才的孵化器，是中国青年导演初试艺声的舞台。许多新生代导演在描述自己的从影生涯时会说："我是从北京大学生电影节走出来的……"到2024年第三十一届，北京大学生电影节已进入北京国际电影节系列，并且在国外设有分会场。

◆黄会林的中国高校首届电影学博士生论文答辩会留影

在高校建立电影、电视学科博士点是黄会林的另一大贡献。她说："当时的艺术系已经5年不招本科生了，更没有硕士点、博士点。我们做的事是知其不可为而为之，在没有条件的情况下做成了才是本事。"在她的努力下，1993年，北师大获批设立全国综合性大学第一个影视艺术与技术硕士学位授权点，1994年招收首届影视教育专业本科生，1995年获批全国高校第一个影视学博士学位授权点，被称为"三年三大步"，之后获批设立艺术学博士后流动站。

让黄会林颇有成就感的一件事，是北师大田家炳艺术楼的建设。

香港企业家、慈善家田家炳先生的捐赠有两个原则：一是只支援贫困地区，二是只资助建设教育楼。为了说服他为北师大捐建艺术楼，黄会林随同校领导到香港直接去了田先生的家里。田先生的回答很坦率：第一，我只捐教育楼，艺术类不考虑；第二，首都是富庶之地，不予考虑。黄会林对田老解释道：第一，艺术是教育不可少的重要一环啊。第二，天子脚下也有穷人。黄会林恳请他去北师大考察后再作决定。

田家炳先生还真的来了。走进艺术系唯一一间办公室，看着四面透风的破房子，提出拍张照片，他在家乡捐献了10所中学，校长们还在找他增加投入，他要把照片给这些校长看："看看首都百年老校多么简陋……"

当晚，北师大艺术系师生给田先生准备了一个小晚会。晚会上演唱了由于丹作词，声乐教授牛秋作曲的歌曲——《梦想的田庄》，表达师生做梦都渴望有一个自己的家园。田先生热泪盈眶，当时就下定决心，把北师大艺术楼列入资助范围。

从1998年田家炳基金会确定捐资，到2001年北师大艺术楼竣工，很多人的记忆里都留下了黄会林和绍武戴着安全帽在工地跑上跑下的身影。黄会林心中有两个标准：一是要让大楼保证学科发展20年不落后，二是每一分钱都要对得起朝鲜战场的烈士。她精打细算，关注着这座大楼的一砖一瓦，甚至去调研吊灯的性价比……

集戏剧影视文学、音乐学、美术学、舞蹈学、数字媒体设计、书法学和艺术设计学等多学科的多功能于一体的艺术楼位于北师大西门。说起每一层楼的功能分配，黄会林头头是道。她带领同人用10年时间，把一个学科变成现在的艺术与传媒学院。其中戏剧影视学科获得教育部评估的"双一流""A+"。

为人师表以严服人

2024年获得全国三八红旗手标兵后，黄会林说："回望过去，教书育人已融入血液；展望未来，我还会在这条充满探索、关怀、奉献的教学之路上继续前行，尽心竭力，奉献终生。"80岁那年，她将多年讲授的《中国文化与传统美学》课程进一步提升为各艺术专业的博士生必修课，希望学生对中华文化与传统美学进行成体系、成系统的学习。她除了亲授主体内容外，还组织全国乃至国际权威专家一同授课，内容涵盖易经、儒学、道学、佛学、唐诗、宋词、宋明理学、古代戏曲、民间文化等，以及美国、法国权威专家讲汉学。

黄会林的教育理念是"严是爱，松是害"。进入"黄门"学习，会提出3个要求：第一，受不了严格要求的可以另投明师；第二，做学生的一定要在学术上超过老师；第三，要比尊重黄老师更尊重老伴绍武先生。学生们取绍武的"武"字和黄会林的"林"字，称

师门为"武林门"。

前央视新闻主播海霞读博士的时候，又带孩子，又上晚班，黄会林很欣赏她："她路走得正，追求很专注，为人谦虚低调，从来没有把自己当颗闪亮的星去炫耀。"海霞多年后回忆起自己的导师，则这样形容："一个手扶着眼镜、满头白发的老太太，坐在狭小客厅的老沙发上，低着头，一字一句帮我改论文，一点一点给我提问题……"黄会林当时对她说："做什么事就得有做什么事的样子，你播新闻，就得是新闻的要求，你写论文，就得有论文的样子。做学问，差一点都不行。"

有一位研究生刚入学不久，一天，黄老师约他下午 2 点来家里谈作业。学生觉得就他和老师两人，不用太卡时间，就安心地睡了午觉才去，到老师家已经是 2 点 10 分。学生无知无觉，见了老师还开玩笑。黄老师却严肃地说："我的时间是按分来计算的，你耽误了 10 分钟，就会浪费 10 分钟的工作和生命。"学生有点吃惊，第一次体会到老师与时间赛跑，珍惜每一分钟的心情，他暗下决心，再不迟到。

不久，这位研究生又与黄老师约好去谈课程。这回约的时间是下午 6 点，有了上次的教训，他提前 10 分钟就到了。在黄老师家门口徘徊了 5 分钟，觉得提前 5 分钟应该没问题了，就敲门进去。黄老师正在电脑前写一份报告，见学生进来，很惊讶："还不到 6 点怎么就来了？""只差 5 分钟了。"学生不以为然。黄老师却认真地说："这 5 分钟我就可以将报告写完。现在打断了，你走之后，又得重整思路。"学生惭愧不已，难怪黄老师著作等身，她就是抓住了这一个又一个不起眼的 5 分钟，才做了那么多的事情。

从教 66 年的黄会林，指导过的硕士生、博士生和博士后超过 170 人，对所有的博士论文她全都修改得密密麻麻。后来她的大部分学生都成为各自领域的中坚力量。很多年过去，学生们都记得黄老师的教诲："学做人，学艺术。首先要做一个好人，然后再做一个好艺术工作者。"

"第三极" 传播中国价值

2017 年 7 月，来自以色列特拉维夫大学影视系的师生一行 7 人，前往河南省辉县参加 "看中国·外国青年影像计划"，在郭亮村拍摄挂壁公路的故事。83 岁的黄会林跟学生们一起站在悬崖峭壁旁，介绍挂壁公路的故事，点评学生的创意，令外国师生敬佩不已。

◆ 2017 年在 "看中国·外国青年影像计划" 中，黄会林在挂壁公路郭亮村与以色列师生交流拍摄

2024 年 6 月 22 日，"看中国·外国青年影像计划·北京行、新疆行"启动仪式分别在北京师范大学和新疆大学举行。活动的主题是"美丽中国：美行·美味·美景"，旨在全方位展现当代中国之美。

"看中国·外国青年影像计划"是黄会林与团队 2011 年创办的针对外国青年导演进行跨国影视教育的文化体验项目，到现在已开展 14 年，中国文化国际传播研究院组织来自美国、加拿大、英国、法国、意大利等 102 个国家的 1100 名青年，出色完成 1041 部短片，共获 201 项国际奖，在 20 多个国家展映。还出版系列图书《民心相通："一带一路"看中国·外国青年影像计划》《民心相通："金砖国家"看中国·外国青年影像计划》《印象·改革开放：看中国·外国青年影像计划》等 14 种，举办金目奖 10 届。

"看中国·外国青年影像计划"是基于"第三极文化"的思考创办的。"第三极文化"由黄会林和绍武共同提出，是业内认可的创新理念。说到由来，黄会林介绍："2008 年前后，中国文化一度乱象丛生，电影崇尚好莱坞，小说流行西方的各种魔幻，家具、饮食也都追求西式。我和绍武讨论该怎么办。世界强势的两种文化——欧洲文化和美国文化代表两极，中国文化一定要有自己的定位和目标，成为'第三极文化'。"黄会林从始至终坚持着"国家需要"的原则，认为自己有责任去担当，也是在"第三极文化"理念的基础上，她创建了中国文化国际传播研究院，那年，黄会林已经 76 岁。

北师大中国文化国际传播研究院走廊上丰富多彩的文化墙，这里记录着研究院践行"第三极文化"理念，将中国文化推向世界，为构建和谐的世界文化所作的贡献。其中简明扼要的 7 个字格外醒目：看、问、论、研、刊、创、会。

"看"正是指的"看中国·外国青年影像计划"。作为中国高校第一位电影学博士生导师，黄会林说，影视的语言是国际化的，影视的语法却是民族化的。"看中国"通过外国青年独特的视角，展示了更为丰富、立体、充满文化底蕴并朝气蓬勃的中国形象，搭建起世界各国与中国的友谊桥梁；探索出一条依托高校、依托青年的外宣路径，在全球范围内广泛传播"中国精神、中国价值、中国力量"，同时开辟了跨学科、跨国界、协同式影视教学模式。

"问"是根据中国电影的海外传播状况设计的、面向全球的外文数据调研，目的是调查、收集、研究中国电影的国际传播影响力。该调查自 2011 年起，问卷涉及百余个国家，得到几百万个参考数据，被国家新闻出版局评价为"具有重要行业参考和学术研究价值"。同时每年出版一部《银皮书：中国电影国际传播研究年度报告》，至今已出 11 本。

"论"是每年邀请不同领域、不同学科的重量级嘉宾举办两次以上学术论坛，包括"请进来"与"走出去"，多角度讨论中国文化的国际传播主体，相关学术成果结集出版为"第三极文化论丛"，至今已出版 12 册。

"研"是科研，其中国家社科重大项目《当代中国文化国际影响力的生成研究》结项时，被 7 位审查专家全部评为"优秀"。研究院与文学院联合申报《中华文化学术体系与传播话语体系的战略建构及多元实践》成为北师大学科交叉建设重点项目，联合开展了多项重要学术活动。

"刊"是刊物，国际英文学术期刊《中国文化国际传播》是目前国际唯一关于中国文化国际传播的英文学术期刊，已被国际 9 个检

索单位收录。

"创"是创作实践，已完成的重要作品包括 80 万字的长篇小说《红军家族（前传）》（绍武、会林著）电视纪录片《九天——1979 年邓小平访美》，大型全景纪录电影季《VR 中国印》，大型人物传记类纪录片《"一带一路"文化巡礼》，《唐诗》VR 项目，电影剧本《司徒雷登》等。

"会"是黄会林"第三极文化"基金，其中设立的"会林文化奖"表彰为中国文化的国际传播作出突出贡献的中外人士，每年在全球范围内评选出中、外各一位获奖者，各奖励人民币 30 万元。至今已成功举办 9 届，累计评选出 20 位中外籍获奖人士，涵盖文学、历史、哲学、艺术等各个文化领域。

90 岁的黄会林依然工作在第一线，依然创作力超强。从填补中国影视理论空白，到今天全方位、立体化学术和实践的呈现，黄会林从无懈怠。在她看来，这一事业永无止境，要扎扎实实一步一个脚印尽自己所能去做。她说："我们团队判断一件事情要不要做有两个标准：价值和意义。有价值有意义的事就干，不讲任何条件。否则给再多好处也不干。"当然，她也有她的忧虑："我老了，总要退出历史舞台，但是我们的中国文化国际传播不可以老，不可以退，如何持续发展？青年团队急需快速成长。"

家庭为事业助力

黄会林与绍武结缘 70 年，有着"武林之恋"的美誉，他们不仅是生活上的伴侣，也是事业上的搭档。

1933 年出生的绍武是烈士遗孤，1940 年随母亲参加八路军 129 师，1948 年在太原前线入伍，1955 年被保送到北京师范大学中文系，1958 年和黄会林一起提前毕业留校，先后在政教系、经济系、艺术系、艺术与传媒学院任教。他的电影剧本《梅岭星火》《彭德怀在西线》、话剧《故都春晓》曾享誉全国，长篇小说《骄子传》获北京"十个一工程"奖，长篇小说《红军家族前传》献礼党的十八大。

面对如何才能让家庭成为事业的助力时，黄会林回答："选对伴侣。选择伴侣首先要志同道合，有共同的目标，共同的价值观，共同的爱好，共同的语言。"

她从朝鲜前线回来去北师大工农速成中学插班时与绍武相识，初见的场景大致是这样的：1954 年 1 月的一天课间，站在教室门前的绍武看到一辆三轮车停在学校门口，走下来一个身材高挑的女孩，扎着两条大辫子，军装洗得发白。班主任冲绍武招手："小黄从朝鲜前线来我们班插班学习，你帮她把行李扛到宿舍吧！"多年后，绍武依然记得黄会林留给他的最初印象：穿着军装，却满脸稚气，架一副白边眼镜，一个挺文气的女兵。两人坐前后座，有过从军经历的绍武逗这位前线归来的"大辫子"姑娘："小鬼，快叫我解放军叔叔！"女同学不服气："哼！你还得叫我志愿军阿姨呢！"她很快知道了绍武是全班年龄最小、功课最好的学生，她是新来的，功课接不上茬，就去找他请教。两颗心越走越近，1956 年除夕，他们结为伉俪。

这场婚姻对双方都是如虎添翼。当年黄会林创办北国剧社就是绍武的主意，绍武还担任了剧社的艺术指导、党支部书记。首倡

"第三极文化"战略理论，也是两人共同努力的结果。黄会林告诉记者："绍武一生的理想就是用自己的笔歌颂千千万万的红色英雄。我们俩很默契，一起创作作品，往往初稿是他写，从无到有，他想到什么写什么，只管冒火花，然后我来整合润色。我们已经共同出版10本文集。"

绍武对此很骄傲："我所有的手稿只给会林一个人看！"尤其是写长篇小说，两人配合最默契。无论是主题选择，情节设计，语言的推敲和运用，人物描写和塑造，"都能够彼此理解、容纳，达到一种自由、畅快的境界，取长补短，各尽所能"。

绍武不用电脑，每天清晨5点开始爬格子。黄会林再帮他一个字一个字地敲入电脑中，"他的稿子很乱，稿纸上面边边沿沿改成了大花脸，甚至连他自己都看不清楚，但这都是他在激情澎湃时写出来的，扔不得"。黄会林将这些手稿小心翼翼地辨别、取舍，整理加工，最终完善。起初绍武还有点不放心，会去认真"复查"妻子的修改，但后来就不再看了，他知道她改得很好，甚至超出他的预期。

1972年，在著名作家、学者唐弢的鼓励指导下，绍武开始创作关于陈毅元帅的电影剧本《梅岭星火》。剧本完成后，唐弢推荐给了影坛宗师夏衍，夏衍帮助修改，并对他们夫妇说："不要停下来，要继续写。"此后，夫妇俩先后完成了多幕话剧《故都春晓》，电影剧本《彭德怀在西线》，电视剧《南国烽烟》，电视小说连载《陷入绝境以后》以及小说《骄子传》《母亲三部曲》《红军家族前传》等。两人进行了深入的夏衍研究，写了2万多字的《夏衍年表》，28万字的《夏衍传》，编了《夏衍剧作集》（3卷）和《夏衍电影剧作集》，拍摄了120分钟的大型人物传记电视专题片《窃火者之歌——夏衍

◆ 黄会林与弟子们在"中国影视民族化与现代化"学术研讨会上合影

九章》，1995 年在央视晚间黄金时段正式播出，正在住院的夏老看了片子很满意。

2018 年 4 月，北京师范大学在这对夫妇执教 60 周年之际举办了黄会林、绍武教育思想学术研讨会。会后学生们回忆说，黄老师很严厉，每当害怕黄老师批评时，就会跑到绍武老师那里"寻求保护"。学生们见证了他们相濡以沫的爱情，而黄会林也经常跟年轻的学生分享自己的婚姻经验："家庭是需要经营的，你得学会换位思考。比如他今天不高兴了，我不会说你凭什么不高兴，我都这么累了！只顾自己而责备对方就不可能和谐。你要把自己换成他，站在他的角度去面对困境，就会知道他难在哪里，跟他一起讨论一起解决。"

黄会林和绍武育有一儿一女。儿子退休前是《文艺研究》杂志社的社长兼主编，女儿在国家电网从事司局领导工作。儿子比女儿大两岁，最让黄会林骄傲的是，兄妹俩非常团结，到今天都没吵过

一次架。她说："我们不愿意把孩子娇惯得不懂规矩，不懂得该怎么做人，所以我们对他们的教育是：一个字，严。两个字，严格。三个字，很严格。"当然，她也承认，如果说有后悔的地方，那就是有点过于严了。孩子们小时候，绍武经常被派去下乡，黄会林带着孩子在家留守。黄会林说，有一天她去幼儿园接他们回家，一手拉一个往回走，女儿小，要妈妈抱。她回答："妈妈要是抱了你，哥哥怎么办？"小姑娘就哭，黄会林顺手把她抱起来搁在路边的小土沟里，然后拉着儿子往前走。回头偷偷一看，小家伙哭了一会儿发现没人理，就自己爬上来，跟在妈妈屁股后头追来了，从此再没有让妈妈抱过。黄会林当班主任时，要搬到学生宿舍和学生同吃同住，晚上把女儿从幼儿园接到女生宿舍，跟自己挤一张小窄床睡。黄会林说："我女儿一点不娇气，性格还有点像男孩子。"如今，兄妹俩有时候会抱怨："你对学生都比对我们好。"黄会林一笑："你们不都成长得挺好嘛？"

黄会林虽然要求严格，但不是一个暴脾气的人，这大概也是她虽然没时间锻炼，但身体状态始终不错的重要原因："我比较平和，不会暴跳如雷，但是有韧性，遇到难事就想办法解决，并且相信总会有办法的，所以很少发愁和忧虑，不会为什么事吃不下睡不着。"身边的同事有时担心她太累，她总是说："别担心，我的特点就是能吃能睡，心态平和。"每天晚上 11 点入睡，早上 7 点半左右起床，保证 8 个小时睡眠，"其他时间该干嘛干嘛"。她说绍武比她忙，基本没有周六周日、寒假暑假的概念，每天早上 5 点多起床，就在书房里写作，"感觉他的事情永远做不完"。

黄会林说自己从小就有一个愿望：弹钢琴。快 60 岁的时候，母亲给她买了一台钢琴，说：快退休了，可以实现你小时候的愿望了。没想到，因为国家需要，她既没退也没休，钢琴也就闲置了。

黄会林曾跟学生们说："我最大的财富就是学生，最让我感到安慰，感到自豪的是学生。而我最大的遗产是书，有这样两个'最大'，就非常满足了。"

其实谁都知道，黄会林不仅是在教书育人，她更是在为她所热爱的国家而奋斗，每一次专业转型都是因为祖国需要，一次次从零开始，一次次把所做的事情变成"里程碑"。她在阐释"第三极文化"的时候尤其振聋发聩："面对强势文化的包围，我们不能妄自菲薄，忽视中国文化的优良传统和自我更新能力，而应在全球意识的观照下，加强文化自信，寻找中国文化自己的坐标，发展和传播中国文化，使中国文化精神与时代要求接轨。"

黄会林说自己的理想是"只要祖国需要，我就生命不息，追求不止"——这不是"大道理"，这是一个烽火铸就的奋斗者发自内心的大实话。

▣ 记者手记

谱写不服老的"青春之歌"

采访黄会林是在位于北京师范大学的中国文化国际传播研究院，和学生一起走进办公室的她气场十足，声音里的自信更是感染着在场的每一个人。

黄会林精力之旺盛，经常让人忘记她已经是一位 90 岁的老人。

采访时她刚刚获得全国三八红旗手标兵称号，连续参加各种活动，好多个中午都不能休息，但在超过3个小时的采访中，她自始至终腰背挺直，思路清晰，声音清亮，无一丝疲态。很多人说她是"逆生长"，她则喜欢被人称为"90后老师"。记者很好奇，是什么给了她这样的能量和动力呢？她说是当年在抗美援朝战场上牺牲的每一位战友，他们是她一刻不愿虚度、分秒不曾懈怠的"鞭策者"。黄会林说："战场铸就了我的价值观。面对牺牲的他们，我和所有活着的战友都有一个念头：今后祖国需要我做什么，就应当不讲任何条件地去做。我的生命不只属于自己，还属于那些牺牲的战友们，我要把他们的那一份责任也扛起来。"

就是这种责任感，让她用心对待每一项工作每一件事。在学生中流传着很多黄会林珍惜时间的故事，抓住每一个不起眼的"5分钟"，做有价值的事、有意义的事。而她对学生认真负责严格要求也是出了名的，改剧本、改论文经常到逐字逐句的程度。但她的一位博士生告诉记者："黄老师对自己的要求比对学生还严。"疫情防控期间，黄会林感染新冠病毒，但课还没有上完，整个上午她发着高烧，坐在电脑前，坚持给学生把网课上完，下午才休息。

也是这种责任感，让黄会林在繁忙的教学和管理工作中依然能够著作等身——记者注意到，办公室整整一面墙的书架上都是她和先生绍武的作品，《黄会林绍武文集》（十卷本）和《夏衍年表》《曹禺戏剧结构与人物塑造》《飞龙吸水，嘘气为云》《故都春晓》《爱的牺牲》《梅岭星火》《艺苑咀华》《窃火者之歌——夏衍九章》……以及连续出了10余年的《中国电影国际传播年度报告》、《看中国·外国青年影像计划》系列书籍和《第三极文化论丛》等。黄会林多年致力于中国现代戏剧和中国民族化影视理论研究，在文化艺术界开启了中国影视学派研究热潮。发表著作、文章约 620 万字，合作电影、话剧、小说、电视片、报告文学等约 320 万字，编辑或主编出版图书 1540 余万字，共约 2480 万字。合作创作论著 210 余万字，编辑出版文稿 700 余万字。

很难想象，这一切仅仅是她事业的一部分。作为中国影视教育界的传奇人物，她一生"创业"：创建中国影视教育学科，是中国高校第一位电影学博士生导师；创办大学生电影节，从 1993 年到 2024 年，已成功举办 31 届；开创立足中国艺术文化战略性发展的"第三极文化"理论，创立中国文化国际传播研究院，让中华文化立起来，走出去。她组织发起"看中国·外国青年影像计划"，邀请外国青年到中国，用他们的眼睛看中国，用他们的心灵感知中国，之后每人完成一部纪录短片，至今已完成 1000 多部，向世界展示了一个文化灿烂、多姿多彩的中国……

生命不息，追求不止。黄会林在她的自选集《目送归鸿》的序言中写道："之所以给人留下'老而不朽'的印象，或许是因为没有停下来，一直'在路上'吧……"

有人说，黄会林的一生就是一首不服老的青春之歌。而在她"不止"的追求中，记者看到了一位共和国的女儿对祖国深沉的爱和伟大的时代担当。她在多个场合都深情地表达过："我爱我的祖国，我愿意为祖国奉献一生。"这是她的初心，也是贯穿她一生的最强健的精神力量。

芳华 映照奋斗美 ｜ **2024**
最美巾帼奋斗者故事汇

张荣华

36年前，她与丈夫张祥青白手起家，靠卖豆腐、卖早点成了中国第一批万元户。

33年前，他们从倒腾废钢开始入行，经历挫折和失败，终于从零开始打造出属于自己的"钢铁帝国"，成为夫妻白手创业的典范。

奈何天妒英才，2014 年，集团的亦是家里的顶梁柱轰然倒塌，张祥青因病离世。她擦干眼泪后，从幕后走到台前，带领集团取得赫赫战绩：截至 2023 年年底，累计实现社会贡献总额 381 亿元，纳税总额 140 亿元，企业位列中国民营企业 500 强第 88 位、中国民营制造业 500 强第 57 位，入选 2023 京津冀企业百强。

张荣华：何为百炼钢 化为绕指柔

杨　雪　贾方方

　　她曾是叱咤风云的"钢铁玫瑰"，更是心怀家国的企业家：汶川地震捐款 1.2 亿元、新冠疫情防控捐款 1 亿元……"为责任而生，为使命而活，为传承而前行"，她就是十四届全国人大代表、中国民间商会副会长、全国工商联女企业家商会会长、天津荣程祥泰投资控股集团有限公司董事会主席张荣华。

　　外人皆道她是"弱女子"，却也是"铁娘子"。殊不知，"弱"只是表象，崇尚"家的文化、水的理念"的她，内心自有一股柔情与韧劲在流淌。从小到大受过的教、历过的坎，悉数化成了她奋斗路上的根与肥，助她修炼出独特的企业家思想境界，滋养着她"实业报国"、传承责任、续写荣光的梦想生根发芽、茁壮成长。

缘起善良　情结半生

　　1969 年冬，张荣华生于河北唐山。正如她的名字，她家虽算不

上大富大贵，但也称得上衣食无忧。父亲张增述曾是生产队长。大队解散后，凭借敏锐的市场嗅觉开始经商，陆续有了村里第一台缝纫机、第一台电视机、第一块手表、第一辆自行车。父母的辛勤劳动带给了张荣华较为富裕的生活，她也从父母身上学到了朴实的奋斗精神。

张家重信重诺，对女儿的教育讲究宽严并济。在父母的言传身教下，张荣华从小就明因果、知仁义、重诚信，并懂得约束人性过多的欲望，赋予自己内心强大的力量。

19 岁时，张家有女初长成，外貌、才情、家世皆是上乘。对于未来的女婿，张父心中早已有了人选。只不过，他看中的小伙子让人颇为惊讶。

小伙子名叫张祥青，和张荣华同岁。但要说家境，两个年轻人有着天壤之别。在两人 8 岁那年，举国哀痛的唐山大地震爆发。在灾难来临的那一刻，是母亲以生命为代价，将年幼的张祥青护在怀里，为他赢来一线生机。丧母之痛还未消散，3 个月后，重伤的父亲也撒手人寰。先后失去父母，在张荣华接受良好教育时，张祥青只能跟着哥哥艰难度日，靠别人接济和捡垃圾为生，初二时更是早早辍学进工厂当了学徒。

门不当户不对，未来岳父到底相中张祥青什么了？要说长相是不可能的。在钢铁厂当学徒时，张祥青干活儿太过积极投入，有一次被一块火红的钢渣溅到，眼角留下一道疤。说到这儿，还有一件趣事。和张祥青第一次见面时，因为太过紧张，张荣华压根儿没看清他长啥样。结果第二次见面的时候，张荣华才看清眼睛上有疤痕、穿着裹身的衣服（后来知道是借来的衣服）、微胖但憨厚的张祥青，内心为之一震。

父亲对张荣华说："看人不能看外表，要看一个人的心。"还给她讲述了张祥青的经历。她开始对他产生了同情心，开始认真考虑这个人。张荣华认为世界上最爱孩子的就是父母，相信父母对孩子的任何选择一定是最用心的，她相信了父亲。

深入了解后，张荣华发现父亲说得一点儿都没错。虽然那时张祥青家境窘迫，但她喜欢他憨厚质朴率真的一颗心，喜欢他积极乐观向上的性格，更喜欢他那对待苦难从不抱怨、永不服输的精神。

渐渐地，张荣华在心底认定了张祥青，两人很快开始谈婚论嫁。面对一众"别嫁那个穷小子"的冷言冷语，外表柔弱心志却无比坚定的张荣华义无反顾地说："我偏不怕他穷，我就要帮他过上好日子！"

1988 年，张祥青和张荣华喜结连理。他们在院子里种下两棵柿子树。迎着朝阳、沐浴着风雨，那两棵柿子树见证了他们心心相印的深情和相互扶持的艰苦创业历程。

有妻如此　夫复何求

婚后，怀揣着让对方过上好日子的爱意，张祥青和张荣华铆足了劲儿为生活打拼。张祥青用在石家庄学到的做豆腐手艺，借了3000 元开启了创业历程，除了卖豆腐，也卖早点。张荣华夫唱妇随，卖完早点后，能干的她还兼做裁缝、养猪等家庭副业。

虽然艰辛，但小两口坚持真与诚，生活充满温馨与快乐，小日子过得很踏实。辛勤的劳动终于获得了丰厚的回报。3 年后，夫妻俩成为当地最早的一批个体户。

多年后,张荣华在回忆起创业初期的感受时说:"从创业至今,祥青和我一直秉承的是为人的真、处事的诚,这就是'荣程之成在于诚'经营理念的基础。而祥青也多次讲过,诚信是做人之根本,是做事之基石。"

婚后第二年,女儿张君婷出生。那时,夫妻俩忙于挣钱还债,有时外出不得不将女儿放在洗衣机里。等他们忙完回家,女儿哭得嗓子都哑了,心疼得张荣华直掉泪。

◆ 张荣华与张祥青青年时期

好在苦日子过了3年,张荣华和张祥青终于熬出了头,成了中国第一批"万元户"。1991年,张祥青决意做废钢生意。对此,张荣华十分支持,因为她同样看好改革开放大背景下钢铁这片红海。她不仅掏光家底,还跟娘家借了不少钱,凑够1.8万元给丈夫做创业基金。为了保险起见,张荣华决定继续做豆腐生意,想着万一丈夫赔了,自己还能兜底。不得不说,这个决定非常理性。

尽管初生牛犊不怕虎,但没经验没人脉,张祥青很快被市场这只"老虎"打蒙了。他进了一大堆没人要的废品,赔光了家底不说,还欠下许多外债。多年奋斗一朝成空,这事要放到别人家,恐怕免不得一番埋怨。可张荣华却丝毫没有埋怨丈夫，还劝慰他，做生意就是有赔有赚，大不了从头再来，自己等得起。

有妻如此，夫复何求？难怪两人成功后，张祥青总忍不住感慨："每当我们身处困境的时候，她总是给我鼓励。我这一辈子能够找到一个好老婆，是我最大的福气。"

的确如此。身处困境时的一句鼓励绝不仅仅是善解人意，考验的更是一个人的心智是否坚韧。经历过惨败后，在妻子的鼓励下，张祥青重整旗鼓再出发。这次，他练就了一双识别废钢的火眼金睛，再也不会轻易被人欺骗了。

转眼时间到了1993年，张祥青和张荣华终于成功赚到300万元。只是，他们还没来得及享受成功的喜悦，废钢这门生意就骤然失去了前景。砸在手里的大批废钢怎么办？眼看着300万元要打水漂，张祥青有了一个大胆的想法：自己建钢铁加工厂。但他也怕创业失败倾家荡产，一直犹豫不决。关键时刻，张荣华拍板，决定大干一场，豪情万丈地说："大不了再回来卖豆腐！"

就这样，1994年，张祥青和张荣华创建了唐山丰南顺达冶金原料厂。张祥青负责研发工艺、开拓市场，从小就耳濡目染经商之道的张荣华则负责招兵买马、管理工厂。夫妻俩分工明确，做人以诚，做事以实，很快就转型成功了。他们不仅将自家厂子做起来了，还收购了一批经营不善的小厂。

时代鼓点　创业春风

进入21世纪，时代的号角自会催着有头脑的人不断奋进。

2001 年，得知天津一家钢铁老厂要转让，张荣华害怕错失先机，立刻拉着丈夫去考察。考察过后，夫妻俩一致决定必须用尽全力拿下这个厂。市场嗅觉灵敏的他们预料到，在沿海城市发展实业更有前景。拍卖那天，有不少企业参与竞价，价格也瞬间飙升到 2 亿元。"2.8 亿！"一个掷地有声的叫价传来，一锤定音了这个老牌钢铁厂的归属。

从 2 亿元到 2.8 亿元，张氏夫妇为什么如此"财大气粗"？那时，他们虽说创业成功，赚了不少钱，但对于 2 亿元来说仍是杯水车薪。怕机会稍纵即逝，认准前路的他们创造性地提出分期付款的要求，多出的 8000 万元权当利息。为了促成这次交易，他们还主动提出，在款项结清前，自己只有工厂的使用权。

感受到他们的诚意和实力后，对方很快同意了这个方案。从考察工厂到签下天价合同，夫妇二人竟然只用了短短 14 天。不得不说，赌上全部身家和未来命运，他们此举颇为大胆，但也颇具前瞻性。

彼时，天津港铁矿石中转基地初具规模。伴随西部大开发战略实施，天津港铁矿石吞吐量必将呈现快速增长之势，钢铁行业也必将迎来一股春风。事实证明，张祥青和张荣华夫妇果然战略眼光了得。

2001 年，天津荣程钢铁厂正式改组成立，当年即实现产值 1.3 亿元。2007 年，天津荣程祥泰投资控股集团有限公司成立。"荣"在前，"祥"在后，这是张祥青对妻子的爱，而"程"则意为诚信，可以说荣程是夫妻二人共同的理想。在夫妻二人的共同呵护下，荣程从主营钢铁到兼营物流贸易、资源开发等，生意越做越大。2009 年，年营收突破 300 亿元；2014 年，荣程钢铁集团已经做到天津市民营企业前三强。

只不过，让张祥青和张荣华为人们所熟知并非因为创造了巨额财富。2008 年，汶川大地震爆发，无数百姓家破人亡、流离失所，举国悲恸。同年 5 月 18 日，中宣部等部门联合举办"爱的奉献"募捐晚会，号召社会各界捐款捐物，共克时艰。在直播现场，当张祥青举着 3000 万元的牌子上台捐款时，却临时"反悔"了："我和我太太刚才决定，再追加捐款 7000 万元，给孩子们建最好的学校，建震不垮的学校。"一句话，让无数人动容。

张祥青和张荣华夫妇幼时经历过唐山大地震，一直忘不了儿时惨痛的经历，忘不了二人的婚房是政府在灾后重建的。张祥青还亲手写下了"感恩社会，传承爱心"8 个大字，这也是激励他们不断奋进、勇毅前行的动能。

当媒体的目光聚焦荣程时，这对向来低调的夫妇并没有借此宣传自家企业，而是将低调进行到底。

然而，天有不测风云，就在荣程集团发展得如火如荼时，意外来临了。2014 年 8 月 9 日，张祥青因为心脏病医治无效，英年早逝。偌大的"钢铁帝国"何去何从？8000 名工人何去何从？谁也没有想到，荣程再一次成为媒体的焦点，竟是面临生死存亡之境。这场非典型的企业交班到底该交给谁？继任者又能否挺住压力呢？

守候希望　振翅翱翔

当外界都在质疑荣程的未来时，时任荣程集团总裁的张荣华站

了出来。她在随笔中写道："你只管静坐天国，我为你守候希望，你只管种下梦想，我替你振翅翱翔。"

张荣华忘不了，就在丈夫出事的前几天，夫妻二人还曾发短信互诉衷肠："此生遇到老公生命才多了精彩，年轻时你我为了家，为了事业奔波，很难相守，希望老的时候能给我一个幸福的晚年。""此生有老婆相伴足矣，无限风景你最精彩，吾愿守护你一生。"

昔日承诺言犹在耳，携手筑梦恍如昨日，奈何生死两茫茫。遗憾、不舍、悲恸……只是，痛哭过后，希望和梦想仍要继续，责任和使命仍要继续。一直以来，张荣华都将"为责任而生，为使命而活，为传承而前行"作为人生格言，将实业报国作为奋斗信仰与初心。在企业生死存亡之际，作为传承者，她知道自己必须坚定地扛起企业发展的大旗。"因为国家赋予我使命，荣程人赋予我责任，我没有理由不把企业经营好，不把这个家打理好啊。"

在张祥青"五七"那天，张荣华举办了一个简单朴素的纪念仪式。当着全体员工的面，她接过了荣程集团的企业印章，而后召开了上千人的誓师大会。主席台上，她紧握拳头、语气坚定地问大家："你们是否愿与我同行？"伴随着一声又一声"愿意"，张荣华带领全体员工将悲痛化为前行的力量。

彼时，曾有媒体将张荣华形容为"弱女子"，难以堪当大任。殊不知，早在 2003 年，张荣华就开始读工商管理硕士，学习企业管理的系统知识，并用于实践。那些年里，企业里所有的重大决定几乎都是夫妻二人共同决定的。甚至很多时候，理性的张荣华才是拉紧缰绳的那一个。就连张祥青都说："我会打仗，不管一切地往前冲，但打理战场、做好后方得全靠我老婆。企业发展要遵守规则，很费神费力，我缺乏耐性。我攻下一座城池后，便交给老婆，是她多年来一直在打理、守护着荣程。她是我和荣程的守护神。"

除了偏见，资金流断裂和行业骤变的坎更是一道难以逾越的鸿沟。2012年，就在张祥青去世的前两年，荣程刚刚确立多元化的发展布局。彼时，在张祥青从"一业多地"到"多业并举"的发展构想上，张荣华提出建立"四位一体"联动发展模式，即围绕工业实体，结合现代物流，打造电子商务平台，实现互联网金融的新业态，并快速完成工业实体加物流、信息流和现金流服务的综合产业布局。

2013年，围绕这一布局，荣程不仅顺利进入互联网支付和互联网金融的高端服务领域，新成立的融通物贸（天津）电子商务有限公司还被工信部授予"电子商务集成创新试点工程"项目。与此同时，以"追寻时代记忆、传承时代精神"为主题的天津时代记忆馆投入运营，而荣钢冠名的天津男篮征战CBA赛场也成功杀进季

◆ 张荣华在荣成集团品牌战略发布会上

后赛……

多元化发展自然意味着多方位投资，资金面怎能不吃紧？偏偏在这个节点上，钢铁行业又遭遇巨变。2015 年前后，中国钢铁市场走向低迷，钢产量又创新高，在强烈的供需失衡下，让本就周期长的钢铁行业陷入了寒冬。可想而知，在如此内忧外患下，2014 年继任的张荣华，身上的担子有多重。

从银行贷不出来款，必要的花销却如同流水般。每个月 1 亿元的电费，5000 万元的员工工资，每一个数字都像是箍在张荣华头顶的紧箍咒。按理说，在这种情况下，张荣华诉诉苦，员工工资暂缓发放也是情理之中。哪承想，尽管举步维艰，张荣华还是克服一切困难如期发放了员工工资。因为在她的认知里，企业最大的危机不是市场不好，不是资金短缺，甚至不是创始人突然离世，而是信任危机。

这些年，张荣华一直将荣程人视为家人，将"家的文化、水的理念"作为企业文化的核心。"在荣程，我与所有的员工都有一个共同的信仰，我的人生就在这里，根在这里，我一直倡导家的文化和水的理念，虽然我们的人生阅历、经历不同，但发心是一样的。"

在"家的文化、水的理念"下，荣程还有一条"家训"："真字为人，诚字处事，德勤治家，持续创新，坚持坚持再坚持。"

给员工留足成长空间，并将幸福感和安全感落实落细到一件件小事上，以至于出现了三代人皆是荣程人的奇观。身为大家长，张荣华深知这样的奇观缘起于诚信与爱，来之不易。更深知每一位员工都有小家要养，哪怕千难万难，她都不想辜负员工们的信任，不想辜负自己从小到大信奉的一个"诚"字。

一个"诚"字，的确让张荣华收获良多。为陪企业渡过难关，荣程人开始自发节约水电、节约纸张，还主动捡废旧材料压成砖再自己动手为工厂铺路。上下齐心，全员拧成一股绳，在行业普遍亏损的 2015 年，荣程集团竟然实现盈利 1.8 亿元。

不得不说，诚信，作为一个企业最宝贵的竞争力之一，会反哺企业；作为一个人最宝贵的人格魅力之一，也会反哺个人。

跨界融合　绿色荣程

当然，在奋斗路上，光有诚信显然不够。要想成功，还需有异于常人的战略眼光和身为企业家的思想境界。

在张荣华看来，支撑她取得奋斗成功的重要因素就是企业家的思想境界，即：敢为人先的创新精神，攻坚克难的勇气魄力，钻研较真的执着精神，智慧谋略的非凡胆识，自强不息的奋斗精神，着眼未来的远见卓识，诚实守信的真字精神，无我利他的责任担当，大爱无疆的奉献精神，家国天下的格局境界。

"企业家的思想境界决定着企业的未来。"这些年，面对企业发展过程中的种种难题，张荣华的应对之策便是以不变的企业家精神应万变，坚定初心使命，在执行既定的多元化战略基础上，实现跨界融合创新。

在发展战略上，张荣华进一步提出"以实业基因为依托，产融互动为战略，资源整合为核心，互联互通为宗旨，持续创新客户价值，向世界 500 强企业进军"的目标，现已形成钢铁能源、经贸服务、数字科技、新能科技、文化健康五大主体产业，研究院、商学院两院为智库，产业基金、公益基金两基金为发展动能的"1+7"顶层布局，构建了"智云、智运、智造"三智合一的荣程模式和"产城融合、产融联动、产教联合、产研协同、产产共生"城乡产融一体化的发展模型，打造生产要素、生活要素集成商、服务商，在新时代全面推进数智化转型绿色低碳高质协同发展，为中国式现代化建设的有序推进持续贡献力量。

在钢铁主业上，一以贯之地落实"百年绿色荣程"的发展定位。为实现这一发展定位，2016 年，张荣华斥巨资与中国金属学会合作，在荣程成立"院士专家工作站"，为产品研发引进高级专家智库。考虑到天津缺水，张荣华力主关闭全厂 11 眼地下井，投资 3 亿元建污水处理厂，成为全国第一家采用城市废水的冶金企业。同时，荣程积极淘汰落后的工艺设备，在节能环保上下大力度投资。截至目前，在环保上已累计投入超 55 亿元。

近年来，在国家"双碳"背景下，荣程持续深耕新能源氢能领域，率先在天津市建成首座加氢站，开启天津交通运输"氢时代"。2023 年以来，荣程氢能产业"制、储、加、运"一体化发展持续提速，围绕"制储运加用研及装备制造"一体化氢能全产业链，打造"源、网、车、云"四位一体的"氢 +"经济产业格局成效显著，产业空间布局已然跨出京津冀，延伸至山西、内蒙古、宁夏等地。截至 2024 年 6 月，企业累计运营氢能重卡 359 辆，投用 7 座加氢站，全国首个 6000 千克 /12 小时商用加氢站组团正在加快建设中，搭建了多条氢能源运输示范应用场景，成为国内拥有在市政道路实际开展氢能重卡运输业务车辆最多的实体企业之一。

2024 年 1 月，荣程集团零碳货运绿氢能源制储加一体化项目一次性试车成功，标志着天津首家首套"绿电制储加氢一体化"氢能全产业链生态闭环场景项目正式落地。据称，这个项目可以让荣程实现新水"零使用"，废水和二氧化碳"零排放"。"我们要一步一个脚印地往前走，打造一个节能型、环保型、绿色型、与城市和谐共生的钢铁企业"，这是荣程的发展定位，也是张荣华的责任与坚持。

除了责任与坚持，创新、攻坚也是张荣华带领荣程实现高质量发展的关键词。新冠疫情防控期间，各行各业发展速度放缓，钢材消耗量也有所下降，如何在确保安全的情况下，保障企业的正常生产运营？

对此，张荣华给出了三个"锦囊"。一是国家需要什么钢材，荣程就大力开发什么产品。比如疫情防控初期火速建起的火神山医院和雷神山医院，就有荣程钢铁的一份助力。二是根据市场需求加快转型升级。比如重点开发高强度的桥梁拉索用钢、汽车用钢、矿山用钢及产能环保产业用钢，就是根据市场当时所需。三是荣程文化是荣程化危为机的软实力、核心竞争力之一。一直以来，荣程都将核心竞争力定义为人力，核心产品定义为人品，多年积累的诚信，让广大合作伙伴始终相信荣程。最终，张荣华用这三个"锦囊"带领荣程化危为机，哪怕是在艰难的疫情防控时期，荣程钢铁产销率也能达到100%。

除钢铁主业外，在张荣华的带领下，荣程的健康产业和文化产业也蒸蒸日上。2014年10月，荣程集团在西双版纳顺利投粮酿酒，正式开启健康产业新篇章。其实健康产业，张祥青很多年前就想做，但那时张荣华觉得时机未到。后来，她发现老百姓开始关心健康，才将酒厂作为重点项目来做。

如今的"稻+"经济建设亦是践行国家粮食安全战略。在张荣华看来，民以食为天，荣程的多元健康板块，致力推动原生态绿色食品的发展，大家吃得健康，喝得生态，是对健康餐桌的一份承诺。

"用一生捍卫荣程二字、捍卫张祥青三个字"，一直以来，张荣华总是谦虚地说，自己是在执行丈夫的遗志。事实上却是，无论是张祥青在世时还是自己继任后，张荣华的战略眼光、执行力和思想境界都在散发着巨大的能量。

文化产业亦是如此。打造"中国的品牌，世界的字号"，传递、传播、传承中华优秀传统文化，实现民族自信，这是张荣华的又一份初心。在这样的初心下，10年前，荣程用50天时间打造时代记忆馆，创造了"荣程速度"、天津速度和时代速度；8年前，时代记忆年度论坛，首次开启"传承、创新、发展"的时代主题；6年前，56个民族非遗文化保护传承中心落成开馆，促进了各民族文化交流。2024年，

◆2024年7月，张荣华出席天津时代记忆馆"国史教育基地"授牌仪式

国史学会与荣程集团联手，在天津时代记忆馆建立国史教育基地。

更难能可贵的是，在做"时代记忆"项目时，荣程斥资千万改造了一栋 5000 多平方米的大楼，给 56 个民族非遗文化保护传承中心提供了展示空间，积极为消费者与非遗传承人搭建平台，带动手艺人就业，深入挖掘、保护、传承非遗技艺，发现、推广、创新非遗文创。

在这一项目的推动下，很多非遗传承人实现了自己的人生价值。来自贵州的 20 岁姑娘韦映红手握苗族蜡染手艺，却不懂开发产品。在平台的引导下，逐渐开发出特色鲜明的围巾、服饰、包包等生活用品，还打造了"小映红"文创品牌。水族姑娘韦小慧将两年所学带回家乡，成功开设马尾绣工作室，带领乡亲共同致富……

荣程组织非遗传承人一起走进英国、捷克、斯里兰卡，成功举办"时代记忆·非遗行"文化交流活动，传播中国声音，讲好中国故事，推动中华文化走出去。

助力非遗传承人实现梦想，助力东西文化交流互鉴，张荣华致力于打造产业链条，就是跨界、跨生态，把各个环节、各种资源都整合起来。如举办非遗讲座、非遗分享课、非遗培训和进行文创产品开发……有了人流量，有了产品，用文化引流、空间聚流，产品是资金流，文化是可持续流，在价值存在的前提下，让收益持续，只不过它的转化需要时间。

有所为有所不为，将传承作为责任、创新作为动力、发展作为使命，不得不说，与时代背景和国家战略同频共振，把个人梦、家庭梦、企业梦融入民族梦之中，学会平衡社会责任和经济效益，有舍有得，方显智慧与担当。这份智慧与担当值得致敬。

感恩社会　传承爱心

　　说到社会责任，荣程低调地做了很多善事。

　　多年来，秉承着"感恩社会，传承爱心"的公益理念，以荣程普济公益基金会为载体，荣程集团积极投身公益。截至目前，荣程集团公益慈善事业遍及河北、天津、甘肃、青海、新疆、贵州、四川、黑龙江等 32 个省、自治区、直辖市，帮扶 300 万人次，直接社会公益事业投入近 10 亿元，涵盖青少年助学、贫困地区发展、抢险救灾、关爱妇儿、敬老养老、师资力量建设、产业帮扶等多方面。

　　在国家和民族需要的关键时刻，荣程集团始终冲在前面。2008 年汶川抗震救灾中捐款 1.2 亿元；2020 年为抗击新冠疫情捐款 1 亿元；2021 年为河南洪灾捐款 1000 万元；2023 年为甘肃积石山县地震捐款 1100 万元用于灾后救援及重建……

　　值得一提的是，作为一名女企业家，张荣华特别关注女性就业创业问题。在平台赋能上，她带领企业以非物质文化遗产传承产业为切

◆ 张荣华代表出席荣程捐款支援河南灾后重建

入点，以"文创＋科创"为手段，为女性提供创业培训辅导、项目孵化、政策咨询、扶持资金申报等服务。在桥梁纽带上，她发挥企业家的资源平台优势和商会作用，为广大女性提供优质就业岗位和职业指导。在资金捐赠上，在新冠疫情防控转段后，捐赠100万美元支持荣程普济基金会与联合国妇女署联合启动"支持女性从新冠疫情社会经济影响恢复项目"，加强女性应对疫情危机、应急规划的能力和韧性。

因在公益慈善领域的突出贡献，荣程两次荣获"中华慈善奖"。面对褒奖，张荣华却将名誉看得很淡。在她看来，经营好企业才是最大的公益。她说，公益与企业发展并不冲突，只是资金使用创造价值的方式不同而已。一个是自主支配发展创造价值，另一个是通过给予帮助体现生命的价值。企业发展的速度可快可慢，但生命只在一呼一吸间，因为经历过唐山大地震，知道灾难时所需，生活所迫时所急。"感恩社会，传承爱心"不只是荣程人的初心和诺言，亦是她追求向上向善的不竭动力。

"让爱持续漂流，坚定实业报国的信念，回报感恩社会各界的信任支持，是时代赋予的使命，也是我此生的责任。"初心易得，坚守难寻，张荣华的可贵之处就在于经历过许多苦难却常怀感恩之心，不骄不躁、脚踏实地，一面传承，一面前行，一面成长。

展"她智慧" 扬"她精神"

2018年，作为改革开放的见证者、践行者和受益者，荣程通过做精主业、多元发展、融合创新，荣获"钢铁行业改革开放40周年功勋企业"称号。这一年也是集团经营业绩创历史最高水平的一年，

钢铁板块产、供、销系统协同联动，多项生产技术指标刷新历史最高水平。

这几年，张荣华成功当选"第五届全国非公有制经济人士优秀中国特色社会主义事业建设者"、"全国劳动模范"、全国工商联绿色发展委员会委员、天津市第十八届人民代表大会代表，2023年更是当选十四届全国人大代表。她领衔提出《制定民营经济促进法的议案》，提交"关于优化非遗政策引导非遗产业化发展"等9件建议；两次列席全国人大常委会会议，围绕粮食安全保障法、公司法等法律法案提出建议；积极参加十四届全国人大第四期代表学习班，在赓续红色精神中感悟履职初心。

张荣华在一次演讲中说过这样一句话："地势坤，君子以厚德载物。这个坤，指的就是女性。放眼全球，'她力量''她智慧''她精神'，正越发展现出强大的影响力。在全球数字经济发展进程中，女性的角色亦不可或缺，更多女性的杰出力量不容忽视。"

对于女性，特别是年轻人，要想有一番杰出作为，张荣华有三条建议："没有等出来的辉煌，只有奋斗出来的精彩，成功没有捷径，唯有坚持坚守不变的初心，坚持坚持再坚持。""成功不是拥有多少财富，而是创造了多少有利于社会的价值。""为责任而生、为使命而活、为传承而前行，我们每个人来到这个世界都有属于自己的使命与责任，让我们一起努力，做一名合格的传承人，将家的文化传承好，将民族的文化精神保护好、弘扬好、传播好、践行好。因为爱在心中我们一路同行，一起铸就美好未来。"

是啊，在这个世界上，从没有一种成功叫随便，自洽的人生全靠不懈奋斗。人们常说，女人如水。如水的智慧，在于自信，在于顺应，在于坚持，在于韧性。不被偏见裹挟，不被困难吓倒，勇敢做自己，愿每一位女性都可以乘风破浪。

▣ 记者手记

柔肩担重任，巾帼绽芳华

贾方方

如果用一个词来形容张荣华，我脑海里最先闪现的是水。

水是柔软而坚韧的，恰如外人皆道的张荣华是"弱女子"却也是"铁娘子"，矛盾却统一。在世俗的认知中，钢铁行业是男人的天下。但，张荣华凭实力打破了这一偏见。她和丈夫白手起家，从零做起，经受住了创业失败、艰难转型的考验，一点点打造出属于自己的"钢铁帝国"；丈夫离世后，她扛住了媒体唱衰、行情骤变的磨难，一步步带领公司走出困局，走向新生。

访谈中，忆起过往的至暗时刻，张荣华没有丝毫怨怼，只是平静地诉说；谈及取得的光辉成绩，她不骄不躁，温和而坚定。恰是这分柔软与坚韧，让作为聆听者的我既能在她的讲述中感受到如潺潺溪流般的平和，那是一种历经千帆过后的从容淡定；又能从她的人生中汲取如巍峨高山般的力量，那是一种在困境中不屈不挠、勇往直前的精神。

水是纯净且滋养的，恰如张荣华的为人处世，无论家里还是家外。

在婚姻里，她交出的是一颗不掺杂任何杂质的真心。择偶时，

她不看五官看三观，不看家境看真心，选择了家境窘迫、眼角有疤的张祥青；持家时，她始终做丈夫最坚强的后盾，与他共进退、同荣辱，共书良人佳话。张祥青生前对她满是爱与感激："我这一辈子能够找到一个好老婆，是我最大的福气。"

在企业中，她交出的是一颗没有丝毫私欲的诚心。张荣华把员工视作家人，始终将他们的幸福感和安全感放在心上，小事不敷衍，大事不含糊。遭遇资金流断裂和行业骤变的挑战时，她未言一句苦，未道一句难，而是克服一切困难，如期发放工资，如约完成合作。这是荣程的"家训"，也是张荣华的信条："真字为人，诚字处事，德勤治家，持续创新，坚持坚持再坚持。"

在社会上，她交出的是一颗似水般滋养万物的爱心。在关键时刻冲在前面：在汶川抗震救灾中捐款 1.2 亿元，为抗击新冠疫情捐款 1 亿元……在传承传统文化上尽心尽力：打造时代记忆馆、建设56 个民族非遗文化保护传承中心……尤其关注女性就业创业问题：支持启动"支持女性从新冠疫情社会经济影响恢复项目"……

采访张荣华，收获的不仅是一段精彩的奋斗史，更是对女性力量的深刻理解。女性拥有无限潜力与可能，凭借智慧、勇气和坚韧，在家庭、企业、社会中发光发热，成为推动家庭幸福、企业创新、社会发展的重要力量。恰如张荣华在一次演讲中所说的："地势坤，君子以厚德载物。这个坤，指的就是女性。放眼全球，'她力量''她智慧''她精神'，正越发展现出强大的影响力。"

愿张荣华的故事如同一盏明灯，照亮更多人前行的道路，激励更多女性在实现中国梦的征程中绽放芳华，贡献更多"她力量"。

芳华 映照奋斗美 | **2024**
最美巾帼奋斗者故事汇

—— 人物小传 ——

柯晓宾

　　中国通号西安工业集团沈阳铁路信号有限责任公司电器车间调整班班长。党的十九大、二十大代表，全国妇联第十三届常务委员会委员。全国三八红旗手标兵、最美巾帼奋斗者。

柯晓宾：高铁"琴师"

张天宇

柯晓宾至今都记得，儿子刚读初中时，跟她分享一位辽宁劳模故事时说的话，"现在的工人们不仅要克服工作上出现的种种困难，还要不断地迎接来自各方面的挑战，就算是在评荣誉的时候仍然要跟很多强大的对手去竞争，想要做到模范真的太难了"。

那时，柯晓宾发现了儿子在学习和生活中出现了价值偏差，她赶紧对儿子说："每个人对荣誉的向往都是一样的，大家都渴望得到荣誉，但是有竞争也很正常，只要你好好努力，做好自己的事情，并且坚持下去，它的结果肯定不会差。"

话音刚落，柯晓宾的丈夫笑着问儿子："那你知道你妈妈是什么劳模吗？"儿子摇头。柯晓宾的丈夫补充道："你妈妈是全国劳模。"孩子听到后，哑口无言，这次对话也成为他不断思考的源泉。

进入高中后，同学们问柯晓宾的儿子："你妈妈是做什么的？"尽管孩子知道她有诸多荣誉，还是会回答："我妈妈是一名高铁工人。"回到家中，孩子讲起这事，柯晓宾说："回答得对，你妈妈就是一名高铁工人。"

对于中国通号西安工业集团沈信公司电器车间调整班班长柯晓宾来说，"全国劳模"只是她满身荣誉的其中之一。她扎根铁路信号继电器调整一线21年，被誉为躬耕毫厘之间的高铁"琴师"，她是国务院津贴获得者拥有"全国三八红旗手标兵""全国三八红旗手""全国技术能手""全国交通技术能手""中央企业百名杰出工匠""中华全国铁路总工会火车头奖章""辽宁工匠""辽宁好人·最美女性""辽宁省巾帼建功标兵""沈阳市优秀共产党员"等诸多荣誉称号。此外，柯晓宾还是党的十九大、二十大代表，中华全国总工会第十八次全国代表大会代表，中国妇女第十三次全国代表大会代表、执行委员会委员、常委会委员，辽宁省妇女联合会兼职副主席。

技小贵精，精益求精

在中国通号西安工业集团沈信公司，柯晓宾的主要工作是调试继电器。在所有的荣誉中，柯晓宾最骄傲的是"全国技术能手"。

继电器是沈信公司的拳头产品。如果将中国高铁轨道交通的信号控制系统称为"中枢神经系统"，继电器就是这个中枢神经系统工作的"神经元"。沈信公司电器车间是继电器的总装车间，是打造精品继电器品牌至关重要的一个环节。

一台小小的继电器上，共有8组接点、24个触片，调整触片的力度在200毫牛左右，力度和角度容不得半点差错，甚至稍有瑕疵就会直接影响产品的性能指标而前功尽弃。每一台继电器的调整都需要经历数十个步骤，其过程中的故障模式也有数十种，因此对调整人员心理素质和技能水平的要求极高。由于这项工作必须经过人工调试，因此他们也被形象地称为高铁"琴师"。

2003年，20岁的柯晓宾走出校门参加工作，成为沈信公司继电器组装车间的一名继电器调整工人。她每天一遍遍重复着枯燥乏味的动作，忍受着一次次检测被退回的打击。

"刚开始，我调着调着都哭了，太难了，有时甚至两三周都调不合格一台继电器。"回忆起刚进厂时遇到的挫折，柯晓宾笑言，"当时我就想争口气，一定要干好这个工作！"

从此，她白天上班跟师父崔宝华学，做笔记写心得，晚上回家恶补力学和电工的基础知识。从几周一台到一天一台，3个月实习期过后，柯晓宾一天成功调整了5台继电器，并且全部合格，成为同期女工中的第一名。在每天的刻苦练习下，半年后她每天能调整20台，现如今每10分钟就可以调整一台，还创造了一个月最多调整1360台的纪录。

工作7年后，在师父崔宝华的鼓励下，柯晓宾开始参加各级技能大赛。那时候孩子刚满3岁，开始只是抱着试试看的心态。"当时我的很多同学他们也是在企业里，有的已经参加过比赛了，成绩很不错。我觉得同龄人都做到了，咱也去试试。我们毕竟在整个工作过程中水平都是差不多的。"

进入比赛准备的阶段，柯晓宾发现比赛是个好机会，可以很快地提高自己的综合素质。比如理论知识的学习："就算是整本书背不下来，我对自己的要求是也得掌握到80%—90%的程度。哪怕理论知识的领域跟我的工作没有太大的关系，也要求自己能学就多学点。"

◆ 柯晓宾在工作台上调整设备

　　第一次参加技能大赛，她获得"中央企业技术能手。"柯晓宾发现自己在实际操作中讲解相关技术时，已经可以自然而然地把理论知识在应用上脱口而出。两年后，柯晓宾再次参加技能大赛，又获得"中央企业技术能手"。但在她看来，成绩不是很理想，但这不仅没有挫伤她继续挑战的勇气，反而越挫越勇。

　　直到 2012 年，柯晓宾积极参与"全国技术能手"的评选工作，当领导将相关材料递给她的时候，她还有些不自信。没想到，评选很快就有了结果，"全国技术能手"的荣誉降临在不自信的她身上。

　　"'全国技术能手'已经是最高的荣誉了，获得了这个荣誉后就不允许我再参加相关的比赛了。"谈到这里，柯晓宾有些许遗憾，"不过我还是一直在鼓励我的徒弟们，以及公司创新工作室的成员们一定要多参加技能大赛，希望他们能够通过比赛去见证那个阶段中最好的自己，那个时刻最好的自己。"

因此，柯晓宾鼓励他们："第一、第二、第三，虽然都是只有一个名额，但去拼一拼、试一试，毕竟一旦到一定阶段，你再参加这种技能大赛的机会就会越来越少。"

荣誉是昨天的，在前进的路上仍须继续有所作为。作为党员、中国工人和中国妇女的代表，她肩上的责任也是重大的。

履职尽责，大工传世

就在柯晓宾获得"全国技术能手"的 2012 年 6 月，她成了一名光荣的中国共产党党员。10 月，她从师父崔宝华的手中接过接力棒，成为一名班组长。身份的转变带来的是新的挑战，从"一枝独放"变成"满园春色"并非易事。但在师父崔宝华的引领下，这 9 年当中柯晓宾不仅技术日臻成熟，而且在各方面历练得更大气、沉稳，早已成为班组翘楚。

2017 年，党的十九大代表入选开始在各个单位逐层选举、申报，从车间的支部一级一级向上推选，当她已经成为中国铁路通信信号股份有限公司党代表的时候，领导和同事骄傲地跟她说："你已经是我们股份有限公司的党代表了，下一步可能还要往国资委推选，说不定你真的要成为党的十九大的代表候选人了。"

2017 年 9 月 30 日，按照党中央的统一部署，党的十九大代表选举工作顺利完成。全国各选举单位分别召开党代表大会，选举产生了 2287 名代表出席党的十九大代表。党的十九大代表是严格按照

党章和中央关于做好代表选举工作的要求，坚持党的领导与发扬民主有机统一，采取自下而上、上下结合、反复酝酿、逐级遴选的办法产生的。

柯晓宾是其中之一。

18 天后，举世瞩目的中国共产党第十九次全国代表大会在人民大会堂开幕。一身红衣的柯晓宾，作为中国工人、中国妇女的代表已经褪去了得知自己当选党代表时的好奇、惊喜、兴奋，全身心投入庄重严肃的相关文件、报告的审议工作中。

柯晓宾发现，报告里对铁路的描述不是很明确。"2017 年我们中国高铁的时速已经到了 350 公里，中国高铁已经成为中国崛起的一张靓丽的名片，我当时提的建议是在'过去五年的成就'中加入相关的内容，希望党中央能肯定我们 400 多万名各行各业铁路工作者的成绩。"柯晓宾的建议虽然未获得完全的采纳，但她还是很高兴，"最终的报告中虽然只加入了'铁路'两个字，但我履行代表责任的成果已经很珍贵了！"

2022 年 9 月 25 日，党的二十大代表选举工作已经顺利完成。全国各选举单位分别召开党代表大会或党代表会议，选举产生了 2296 名代表出席党的二十大代表。

柯晓宾依然是其中之一。

"建成世界最大的高速铁路网、高速公路网，机场港口、水利、能源、信息等基础设施建设取得重大成就"，被写入党的二十大报告的"过去五年的工作和新时代十年的伟大变革"一章，看到这句话的柯晓宾难掩自豪，"这是党中央对我们铁路工人的再次肯定！讲出了很多我们高铁工人的心里话，为一线工人在激情奔跑的道路上增添了新的能力、能量和动力，感党恩、听党话、跟党走的信念更加坚定自觉。"

作为央企代表，柯晓宾把中国通号广大党员干部对以习近平同志为核心的党中央的坚决拥护之情带到会上，积极建言献策，希望党中央能够进一步深化国有企业改革，加快完善体制机制，加强和改进党对国有企业的领导，推动企业做强做优做大，并诚挚地邀请各位代表到中国通号检查指导工作。

妇女能顶半边天

作为中国妇女第十三次全国代表大会代表、执行委员会委员、常委会委员，柯晓宾长期关注着一线女性工人的发展权益，在基层的宣讲与学习上都给予了她很大的触动："妇联为什么愿意让我们一线工作者去为各行各业的妇女同志们宣讲？其实是要我们起到一种社会引领示范作用，我们'半边天'的作用应该发挥在哪？可能在专业技术领域、生产制造领域等，看起来可能男性更有优势的一些行业里，其实我们女同志也能干得很好。妇联的工作其实就是希望我们给大家鼓劲跟加油，然后让更多的妇女愿意从事实际工作，去干事创业。"

柯晓宾也很欣喜地看到妇女的工作权益在得到越来越强的保障，并获得了很大的成就。2024 年年初，沈阳市女科技工作者协会成立，协会中不仅有女工人、女科学家，甚至还有在科技企业担任总裁、董事长等职位的女性。柯晓宾说："我们社会中的女同志们，尤其是专业技术领域的占比现在已经接近百分之四五十了，比例还是

很高的。"

"妇女能顶半边天"之外，柯晓宾还关注工人的权益保障，特别是对工人技能的提高，她有着一种执拗在里面。党的十九大报告提出："建设知识型、技能型、创新型劳动者大军，弘扬劳模精神和工匠精神，营造劳动光荣的社会风尚和精益求精的敬业风气。"柯晓宾在人民大会堂听到习近平总书记发出对劳动者的号召时，激动不已，作为党的十九大代表，更加明确了前进的目标。在参加中国工会十八大时，在小组讨论中，柯晓宾发现，报告中围绕产业工人的论述采纳了她的建议和想法。

一是"努力培养造就更多大国工匠、高技能人才"，于产业工人队伍建设方面，号召广大劳模工匠用丰富的知识、经验为技能人才的培训培养贡献智慧和力量，向社会呼吁给予技术工人更多的尊重和认可，增强争做大国工匠、高技能人才的光荣感和自豪感，让劳动光荣、技能宝贵、创造伟大的时代风尚更加浓厚。

二是报告中提出"参与产业工人队伍建设立法工作，推动新就业形态劳动者等涉及职工维权服务和工会领域的法律法规

◆ 柯晓宾在检查调整设备

制定"，"推动用人单位开展工资集体协商"等"促进内部分配进一步向一线职工、技术工人倾斜，助力实现共同富裕"。希望有关机构加快相关政策落地实施，为产业工人展示风采、创新创造搭建更多的机会和平台，助力实现多劳者多得，技高者多得，质优者多得，切实维护职工权益的同时又能促进企业发展，发挥好工人阶级是党最坚实、最可靠的阶级基础作用。

三是当前国家、省、市职业技能竞赛项目已经有百余项，建议将具有铁路行业特色的工种、项目加入竞赛中，为中国高铁工人技能提升、技能成才搭建更多的舞台，让中国高铁这张名片散发更加绚烂的风采。

能有以上的想法，是因为在日常的工作中，柯晓宾接触的并非只是央企、国企的工人，"对私企、合资企业的技术工人的尊重和认可都是必须的！"柯晓宾在与相关企业的接触中发现，很多私企的技术工人也在不断地成长，从基层工人后来成长为工程师的不在少数。"他们都是一点一点地靠着自己的技术研发获得了成绩！在劳动报酬分配上，无论是采取工资集体协商还是内部分配等方式，都应该进一步向一线工人和技术工人倾斜。"

柯晓宾还有更为长远的考虑。她认为待遇问题其实不单单是解决收入问题，还应该不断地提高一线工人的整体素质。"我在学习相关政策方针文件时发现，国家对一线工人、技术工人的培训学习的费用都是专项的，我们应该把这些经费都好好利用起来，让工人同志们有学习提升的机会，不断提高他们的整体素质，让技术工人具备更多为企业创造经济价值的技能，实现企业个人共赢。"

柯晓宾认为："我们很多技术的研发，最重要的就是要不断地提高生产力，而生产力提高的生力军其实还是要依靠一线产业工人。我们的企业投入了大量的研发费用提高企业的创新能力，但在转化过程中还是需要技术工人来进行现场的实施、生产和制造，在生产实践中提出切实可行的建议和方法。"

但是，在一线工人和科研人员之间还存在沟通的鸿沟——工人无法理解科研人员的需求，科研人员在沟通不畅的情况下认为工人的水平不行。"有隔阂的原因其实就是一线工人的整体理论素质不够高，我们要加强一线工人职业继续教育的投入。近年来国家对职业继续教育投入的不断加强，正在慢慢地改变着现状，越来越多的90后，00后也加入了生产制造一线。"

对于解决方案，柯晓宾提出了近年来国家建立的"八级工"制度，"这项制度在企业里应该更加深入地实施，一个工人到了八级工的水平时，那他一定会创造很大的经济价值！"

热爱可抵岁月漫长

柯晓宾能在履行代表责任的过程中有诸多思考，离不开自己多年的工作经验。

2004年，中国铁路第五次大提速开始，中国铁路事业也由此开始发生翻天覆地的变化，提速日程紧迫和质量要求严格的双重压力越来越大。尽管柯晓宾是同期第一个上线、独立生产的调整工人，但最初那段时间，调试的产品被检测退回返工的情况常常发生。"很沮丧。"柯晓宾打过退堂鼓。

好在她留下来了，也坚持下来了。这时柯晓宾的师父、党的十八大代表崔宝华告诫她说:"一旦你决定好职业,就必须热爱它,必须全心投入,必须穷尽一生磨练技能,这是我们工人必须具备的职业素养。"身边的工友也不断鼓励帮助她。

磨练技艺,没有捷径。柯晓宾一有时间就揣摩手法,一个动作练几十遍甚至上百遍。经过长时间训练和工作,手指间的水泡成了老茧,食指比另外几个手指粗很多。经过夜以继日勤学苦练,她不到半年时间就成为同期学徒中第一个上线、独立生产的信号调整工。

其实,2003 年参加工作的柯晓宾与一年后开始的中国铁路第五次大提速也有着关联。有了更多市场需求,继电器生产任务增加了,质量要求更严格了,所以需要招聘更多调整工人,新工人也就有了更多锻炼机会。她笑言:"好像我的每一步都踩在了时代节点上。"

2006 年,崔宝华的班组合并,人员调整后,空出来一个手工焊接岗。柯晓宾想着自己的返修量、生产数量都能完成,但唯独在质量上无法跟进,便跟车间领导提出调岗,领导依然鼓励她,"你一定能干好!你要是干不好,别人也肯定干不好!"

虽然柯晓宾的工作受到了充分的肯定,但是她还是很苦恼。她在入职后的第一次考核中排名倒数第二,在师父的鼓励和同事的帮助下,柯晓宾勤学苦练,终于在 3 个月后的定岗分班组培训中,她和倒数第一名都发生了变化——一个是第一名,另一个是第二名。

继电器如何调整?又到底有多难?毫米级、毫牛级的技术指标最有说服力:继电器上一共有 8 组接点,24 个触片,接点间距的误差需要控制在 0.05 至 0.1 毫米之间;调整触片力度在 200 毫牛左右,而扯断一根头发丝的力度大约是 1800 毫牛。

不过,这套"十分重要"的说法看不见摸不着,小小的继电器

与中国高铁究竟有什么关系呢?

2008 年 8 月 1 日,我国首条时速 350 公里的高速铁路——京津城际铁路开通运营。京津城际铁路所使用的继电器,就来自柯晓宾所在的沈信电器车间。

"每一台产品都贴上了'京津专用'标识。"柯晓宾说,从这件事开始就对这份工作的价值有了具象认识,"我调试的继电器,用到了中国高铁的控制系统上。"贴上专用标识,自此成了惯例。这时,每一件调整的产品,也已经采用全生命周期实名制管理,"48 号变成了柯晓宾"。

沈信生产的继电器产品覆盖了我国 70% 的铁路线路。"在京张、京沪等高铁项目和中老、雅万等'一带一路'沿线国家铁路建设中,都有我们的产品。"柯晓宾说到这时,眼里闪着光,透着发自内心的自豪。

◆ 工作中的柯晓宾一手拿着继电器,一手握着扁嘴钳

9 年时间里，她每天一手拿着继电器，一手握着扁嘴钳，工作起来十分忘我，"有事儿不多叫几次根本听不见"。那些年，在车间领导和同事眼中，这个小姑娘业务过硬、技艺娴熟，产品任务完成量总是排在前列，一点不逊色于班里的老师傅。

"能够为中国铁路从时速 80 公里到 350 公里的惊世巨变贡献一点点力量，我为之振奋，并自豪自己是一名高铁产业工人……" 2024 年 2 月 22 日，柯晓宾在全国总工会召开的庆祝三八国际劳动妇女节巾帼劳模工匠座谈会上如此发言。

还是 2012 年，党的十八大胜利召开之后，迎接崔师傅载誉归来时，柯晓宾收获了传承的幸运和榜样的力量，内心更大目标随之启航。这一年，她还担任了调整三班班长，面临全新挑战。"那年我才 29 岁，领导觉得你毕竟上班快 10 年了，技能过关，也有组织和管理能力，完全可以承担起更大的责任了。"

柯晓宾带领下的调整三班是从老班长那里调整出来的，刚开始自己带团队，柯晓宾还是需要不断跟师父请教，包括怎么跟老中青三代人相处，难度很大，但来自师父和同事的帮助都为她解决问题提供了非常多的思路。

传道授业解惑

柯晓宾深深地懂得，技能只有在不断传承中才能彰显价值。只有脚踏实地，才能让沈信公司电器车间接续传承、点燃激情的"接点文化"不断升温，不断发芽、结果，才能创造性地将传统的、纯粹的手工继电器调整工作技能发扬光大。

柯晓宾热衷于和班组姐妹沟通交流，倾听大家的心声，了解每一名姐妹的工作诉求，征集她们的工作建议，并将自己的工作理念以及公司改革发展的新导向传达给她们，不断鼓舞士气，增强大家在新形势下干好工作的信心。她说："我将和所有调整线上的姐妹紧密团结在一起，每一位调整员工都是通往成功道路上的关键一员，只有一起努力，才能实现我们沈信公司共同的奋斗目标。"

在学习师父的基础上，柯晓宾也有自己的一套"传帮带"的方法。

2010 年，笑笑成为柯晓宾的第一个徒弟。在柯晓宾的眼中，笑笑是个相当优秀的后辈，聪明还愿意钻研。于是柯晓宾便给笑笑定了生产目标，一个月只需要一天增长一台的生产量，质量也得有所进步。在柯晓宾科学的引导下，笑笑的进步很快。为了进一步激励笑笑，柯晓宾对她说："如果你进步了，你请我吃饭，如果你没进步，我请你吃饭。"徒弟这才反应过来，这个机制跟正常的奖励是相反的，柯晓宾开玩笑地说："你要想请我吃饭，那你就要进步！"

柯晓宾对班组成员的关注也是无微不至的。刚当班长那几年，工作服由白大褂换成工装，扦裤脚、缝扣子这样的工作都是由她来完成的。加之好多职工来自黑龙江、吉林、内蒙古等地，很少有沈阳本地人，大部分人在外租房子生活。逢年过节，大家都要回老家，每次节前最后一天，柯晓宾都要一一嘱咐外地职工关门、关灯、关水、关电。

不过，并非所有的人都适合调整岗位。继电器的调整岗位实际上女工人的占比要远远大于男工人。这份工作需要有相当大的耐心和细致程度，在学徒的时候可能男女的表现都差不多，但等过个一年半载，在"谁更能坐得住、耐得住性子"方面，女性便呈现出更大的优势。"因为产品的技术标准要求项点比较多，仅量化指标就40多个，还有一些外观指标都是靠操作者的工作经验来判断，这些指标只要有不合格出现，产品就会返工，重新调试。"

2020年，柯晓宾的班组换成了青年班，主要任务是带徒弟。小光作为新成员之一，一进班便感到了压力，不停地找柯晓宾诉苦："我怎么这么笨，什么都干不好！"柯晓宾一边稳定小光的情绪，一边拿起产品给他讲解，但问到难处的时候，"一个20多岁的大小伙子就开始掉眼泪了，他这一下对我的触动很大，我一直以为小伙子的抗压能力应该很强的。"柯晓宾也发现，人与人之间在动手能力上是存在差距的，"有些人一看就能看懂，有的人就真的看不懂，每个人的特长是不一样的。"

为了减轻小光的压力，柯晓宾给予他特殊照顾，在其他人已经做了5个品种的时候，柯晓宾告诉小光只要做好两个品种就行。在后续的工作中，柯晓宾发现小光可以把维修工作做得相当出色。当班组里有了维修岗的空缺后，小光第一个报名了。"其实在我们的工作上，但凡能把产品做好的人，都不愿意去做维修，他们会觉得做维修是在浪费自己的调整技能。"

但是，小光却在维修岗上做得如鱼得水。小光在这里可以把一个动作做得相当认真，"总之，在维修岗上，他的工作是最让我们放心的。"

身为业内顶尖的技术能手，她耐心向工友们传授技能和经验，先后带出了50名徒弟，其中5人先后获得"全国技术能手"称号。

柯晓宾带班组的这些年，适逢中国铁路不断提速、走出国门的

阶段，来自全球各地的订单纷至沓来。为了保证班组出勤，还能多方面让职工照顾到自家的生活，在需要紧急加班的时候职工们请假是必然的。但是考虑到公司的请假制度中工作日的批假是有考核标准的，柯晓宾便申请了特殊请假制度：根据请假不超过某个时间段，给职工不同的出勤奖励。在这样的激励机制下，柯晓宾班组工人的家庭安排得到了极大满足，生产积极性因此也获得了很大的提高，在当月即完成了 6 万台产品的生产任务，满足了用户的需求。

2016 年，一款新研发的继电器调整通过率很不理想，10 台产品就只通过三四台。一时间，生产线的工友们犯了难，"这会影响产品如期交付"。柯晓宾站了出来，组织攻关小组进行"降低继电器接点压力返修比率"课题攻关，经过工艺改进等一系列试验和调试，问题成功解决。这个攻关小组获评"全国优秀质量管理小组"。

2023 年 9 月，围绕沈信公司倡导的质量—效率—员工休息相平衡的工作状态，电器车间进行生产班组优化改革，将原有的四个调整班组整合成为一个调整班。在全公司重新聘任班组长工作中，作为沈信公司唯一一名由公司任命的调整班班长柯晓宾，面对 85 名员工，面对与日俱增的继电器生产任务，面对沈信公司快速发展的步伐，她深感责任重大，使命感让她提前做足了班组管理工作准备，将原班组特有的管理提升措施向班组员工全面铺开。

"十分钟小课堂"。在班组的每一天生产工作中，她不断总结分析每一名继电器调整员工生产过程中的薄弱环节，将存在共性问题的员工集中起来，让掌握此技能强项的员工对这些员工及时进行面对面、手把手的技术指导，通过短、平、快的培训方式，全面快速地提升这些员工薄弱项的调整技能。"十分钟小课堂"的常态化开展，有效促进了全员工作技能的稳步提升。

"工位工作法"。她始终相信影响和带动的作用，根据班组员工每天调整继电器的系数分配数量，她认真分析每名员工每天的调整数量，并不失时机地进行工位调整，将调整数量相对少的员工安排在调整数量相对多的员工周

◆除了精进技术，柯晓宾平时还注意总结经验

围，或者将调整质量好、数量多的员工安排在稍微逊色的员工周围。历经时间的熏陶，个别工作效率低的员工继电器调整工作能力和水平得到了明显提升。

"一帮一结对子"。多年来，电器车间调整岗位上的员工团结互助的工作氛围一直都非常浓厚，她结合这一状况，鼓励班组青年职工结合自身工作存在的弱项，主动寻求身边的师父，建立"一帮一结对子"机制，让许多青年职工形成"一帮一"长期技能指导、工作互助的结对子模式。这一活动的开展，快速地提升了个别青年职工在实际工作中的调整工作技能。

"3+7+21 质量竞赛"。针对班组员工质量薄弱点，她大力开展"3+7+21 质量竞赛"活动，即 3 天统计质量数据，一周分析质量排

名，确定问题点，督促员工21天形成调整技能提升的新习惯。班组
以21天为竞赛频次，观察周期性质量提升情况，并将这项质量竞赛
循环进行下去，确保继电器产品实物质量的持续提升。

技无止境，向"新"而行

结合沈信公司发展进程中的新举措、新要求，她将自己十年班
长的管理经验，总结成当前和未来工作的措施和计划。如今，柯晓
宾正着手分析新班组每一名员工的生产质量和数量的累计数据，就
如何在确保产品实物质量的前提下，既能杜绝疲劳战术、减少加班
时长，又能提高劳动生产效率这一困扰她多年的顽症进行深度思考，
朝着致力提升员工生活和工作幸福指数的方向大步迈进。

2017年12月，柯晓宾带领团队成立了沈信公司第一个劳模创
新工作室。工作室成立以来，共完成难题攻关、工艺技术改进等项
目34个，取得创新成果46项，申请国家专利12项，创造经济效益
342万余元。

这些年来，她领衔的创新团队被全国铁路总工会授予"火车头劳
模和工匠人才创新工作室"，被辽宁省人社厅授予"技能大师工作站"，
现已被评为"国家级技能大师工作室"。

同年，为降低JYJXC-160/260继电器磁路系统返修率，柯晓宾
组织攻关团队对原有工艺进行改进，保证产品组装质量，将返修率
大幅降低，创造价值50余万元，产品应用在国内外铁路运行线路
上。为降低继电器接点压力返修率，从改进静接点预压力加工方式
出发，保证压力满足调整需求，降低了产品返修率，有效控制产品

质量，创造价值 20 余万元。

2018 年，柯晓宾组织对继电器接点处理材料和方法进行改进，将继电器接点处理加工的总时长由 155 分钟降低至 26.4 分钟，解决了工作时间长和强度大的问题，同时成果向集团其他企业推广应用，创造价值约 10 余万元，覆盖公司继电器全部产品。

2019 年，为解决用户无继电器维修标准工具的问题，柯晓宾总结继电器生产、工艺经验，从检修习惯入手，牵头开发设计了继电器组调检修的工具产品，分为基础版、升级版和综合版，包含 28 件工具，操作简单，实现销售收入 40 余万元，产品广泛应用在青岛、海拉尔、襄阳、厦门、沈阳、南京、西安、武汉等铁路局检修所。

2021 年，为降低 JYJXC-160/260 继电器扣罩前后电气特性变化量，柯晓宾和团队对继电器装配关联件开展验证和仿真试验，确定导致问题的症结，找出最适合的缓冲垫，修订相关工艺卡片，增加组装技术要求，将变化量由 2.22V 降至 0.8V 以内，创造价值 10 万余元。

在解决欧标 S 系列无极加强继电器调整难题中，与哈尔滨工业大学专家配合试制优化，同时总结柯晓宾及其团队的调整方法，将调整方法和操作步骤纳入继电器作业指导卡片，填补了这一领域的空白，为生产符合欧洲制式的继电器、参与"一带一路"海外铁路建设打下了坚实基础。

柯晓宾和她的团队有时也会困惑：作为工人，特别是智能制造时代，这条路还能走多远？

柯晓宾很坦诚地承认智能制造进入继电器调试行业的冲击会很大，无论是组装还是调试，只要智能制造进入，岗位需求肯定是下降的。"不过，就目前的情况来说，智能制造代替人工在理论上是可

以的，但是要想达到我们现在的水平，智能制造其实在标准上并不能等同。智能制造的强大优势在于它能降低工人的劳动强度，引入智能制造，是需要由机器慢慢替代人工这样一个过程的。"

也就是说，理论与实践之间还是存在着巨大的差距。在继电器组装、调试岗位上，根据现在沈信公司的对比实践，人工调整在短时间内机器替代不了，而相对简单的组装自动化明显要高于手动生产的效果，"我们在纠错的过程中能够减少更多因误差导致的工作效率降低的情况，还是需要很多实践经验来为我们做基础的。"对于徒弟们的困惑，她早就以亲身经历作答，"我走过的路，都是咱们高铁工人可以走的路。"

在新质生产力得到迅速发展的今天，柯晓宾真切地感受到广大产业工人即将迎来的曙光和希望，奋斗的舞台将会越来越宽广。作为党代表和工人代表，这份荣誉，意味着更多的责任和担当。用柯晓宾自己的话说，"我会将这份沉甸甸的荣誉转化为工作中的无限动力，进一步增强新时代产业工人的使命感、责任感和荣誉感，扎根基层，埋头实干，以优异成绩回报党的教育和培养。"

▣ 记者手记

"我要当个好工人"

柯晓宾绝不会想到，在她 20 岁的时候会和高铁结缘，在 37 岁时成为全国劳动模范，在 41 岁时入选 2024 年"最美巾帼奋斗者"。可她从一开始进入沈信公司，便想到了："我要当个好工人。"

2003 年，20 岁的柯晓宾走出校门，成为一名继电器调整工人。继电器作为铁路系统控制装置的"神经元"，大到车站的控制中心，小到一个信号灯，每一个电路的切换都离不开它。

回想起刚进厂的场景，柯晓宾说："有次内部考试，我调了两三周，手被磨出了水疱，结果一台都没通过检测，我调着调着就哭了。"练就本领的路上，没有捷径，只有坐冷板凳，下苦功夫。

在过去的 21 年，柯晓宾每天都要重复上千遍同样的动作。而这项枯燥的事情，却被她做到极致。凭借过硬的技能，她取得了 43 项创新成果，仅其中一项成果就将某型号继电器磁路系统返修率降低了 20%。

"记者同志，你知道扯断一根头发需要多大力度吗？"

"不知道。"

"大约要 1800 毫牛，我们手工调整片弹簧结构的触片只有这个力道的九分之一。"

为将力道控制得足够精准，柯晓宾练了足足半年多时间。由于长期的训练和工作，她的食指比另外几个手指都要粗。

"坚持做一件事情，把一件事情做到极致，做到最好。"这是柯晓宾 2020 年荣获全国劳动模范称号时的获奖感言，也是她职业生涯的座右铭。

在提升自我的同时，柯晓宾积极发挥模范带头作用，将自己的精湛技艺毫无保留地传授给班组成员。

"继电器没有 100% 完美的产品，但我们要努力去追求 100% 的完美。"柯晓宾常常这样鼓励班组成员。这些年，柯晓宾带出来的 50 个徒弟里，先后有 5 人获得了全国技术能手称号。

柯晓宾工作的这些年，见证了中国高铁的飞速发展。

"但我们要沉下来。"从业几十年，她从未忘记过自己是一名工人，一定要"当一个好工人"，这就是柯晓宾对工匠精神最朴素而深刻的诠释。

柯晓宾认为，"大国工匠"内蕴深远，大到一个国家、一个时代的精神气韵，小到一名普通工人一丝不苟的工作态度，都需要全身心投入学习和忘我奉献。

进入新时代，工匠精神的时代价值愈加凸显。对柯晓宾而言，无论技术技艺如何变化，"我要当个好工人"的念头永远不变，执着专注、精益求精、一丝不苟、追求卓越的工匠精神内涵永远不变。

张雨霏

中国游泳运动员，奥运冠军，2023年度中国十佳运动员，感动中国2023年度人物，获第二十六届中国青年五四奖章和全国三八红旗手标兵、最美巾帼奋斗者等荣誉称号。

从事游泳运动 20 余年，获 43 枚国际比赛金牌，近百枚国际比赛奖牌，张雨霏是中国游泳的领军人物，也是泳迷心中当之无愧的"蝶后"和"霏鱼"。至巴黎奥运会后，张雨霏已经收获 10 枚奥运奖牌，刷新中国游泳纪录，也成为截至目前获得奥运奖牌最多的中国运动员。

张雨霏：她们叫我"蝶后"

陈昊晴

"白眼观天下，丹心报国家"，在巴黎奥运会上再获一银五铜共计 6 枚奖牌的张雨霏在社交媒体上这样写道。彼时，她穿着国家队礼服，刚从第三十三届奥运会中国体育代表团总结大会现场出来。她说，"本来觉得自己本次巴黎之行没有拿一枚金牌对国家有所亏欠，但听到总书记说'无论输赢，胜败乃兵家常事'，就又有了冲往下一届的勇气"。10 枚奥运奖牌，是中国运动员历史性的成就，但并不是张雨霏的终点。现在她的目标已经瞄准 4 年后——让 30 岁的中国女子游泳运动员站上美国洛杉矶的奥运赛场。

"霏"比寻常，天赋少女横空出世

1998 年，张雨霏出生于江苏省徐州市的一个体育世家，母亲张敏退役前是江苏省游泳运动员，在省运会上获过个人单项冠军和接力冠军，父亲也曾是江苏省专业运动员，退役后回到徐州市体育局做教练。基因里自带游泳技能的张雨霏，开始游泳时是被爸爸妈妈联合丢下水的。妈妈给其他小朋友上游泳课时，就把张雨霏两条胳膊绑上浮板扔在浅水区，用妈妈的话说，也不知道怎么的，她就学会游泳了。在张敏眼里小雨霏是个喜欢水的女孩，觉得她在水里就像一条快乐的小鱼。

4岁那年，张雨霏父亲不幸遭遇车祸意外去世。来不及悲伤的张敏独自扛起抚养女儿的担子。雨霏上小学之后，张敏送她去参加专业训练，准备走专业路线。每天放学后还要去泳道里枯燥地来来回回，看着别的同学放学后蹦跳着回家，手挽手出去玩，张雨霏羡慕极了。从那个时候起，她开始不喜欢游泳了。张敏清楚地记得，一次去学校接她去游泳课，女儿直说肚子疼，不能游泳了，直到马上要到医院打针了，她才说了实话，肚子疼是装的，但不想去游泳是真的。

5岁开始接受专业训练，一年365天，几乎天天在泳池里，没有寒暑假，没有儿童节，没逛过公园。看着因坚持训练而疲惫的女儿，张敏心疼极了，也曾想，非让孩子走这条路不可吗，拥有和其他孩子一样的童年不好吗？但很快，她就被小雨霏在泳池里比赛时一下下划水那拼搏的样子说服了，天赋是骗不了人的。她下定决心，"游泳这件事张雨霏必须坚持到底"。

张雨霏优异的先天条件在专业训练中逐渐显现出来，她的心肺功能出色得异于常人，普通人在进行心率高达180的高心率运动后，需要3分钟左右恢复到自然心率，而她仅需1分钟。她的另一项天赋体现在肌肉耐受乳酸的能力上。2024年巴黎奥运会前夕，她在体能训练中，能在有辅助的情况下最高负重60公斤做引体向上，这个数据甚至超过了大多数男性运动员。比赛到了最后冲刺阶段，在乳酸冲击下，所有选手都处于极度疲劳的状态，发不上力，动作就容易变形，意志也容易涣散，但张雨霏的肌乳酸耐受力非常强，这帮助她能够在 200 米蝶泳冲刺时最难的阶段中更好地集中精力，保持冲劲，离成功更近一步。在如此的天赋加持下，张雨霏很小的年纪就在精英运动员中脱颖而出。

当然，世界级的竞技体育，身体天赋是基础门槛。保持简单的纯粹，是天赋；知道自己想要什么，专注目标，不断重复，也是天赋；在同等智力、体力条件下最大限度地发挥出效能，更是天赋。

12 岁参加省运会，张雨霏一个人报了 6 个游泳项目，连拿两块金牌、三块银牌和一块铜牌，攥着 6 块牌子"保送"进入江苏省队，成为省队年龄最小的运动员。后来，凭借突出的成绩，张雨霏很快进入国家队。那年，她 15 岁。

◆ 泳池里的天赋加刻苦训练，张雨霏翩翩起舞，破茧成蝶

2011 年，在第十一届全国中学生运动会游泳比赛中，张雨霏为江苏省队赢下三金一银，成为赛场上的夺牌王。她还与队友合作，打破了女子甲组 4×100 米自由泳接力项目的全国中学生运动会纪录。2012 年，张雨霏被国家体育总局授予"运动健将"称号，并战胜北京奥运会 200 米蝶泳冠军刘子歌。2014 年仁川亚运会上女子 4×100 米自由泳接力中，她和队友一起获得冠军。2015 年俄罗斯喀山世界游泳锦标赛，她在 200 米蝶泳中打破世界青年纪录，一战成名。17 岁的张雨霏一路飞驰，也是从这时起，"蝶后"的名号与她如影随形。

天赋决定上限，努力决定你离上限差多少

"天才少女"张雨霏理所当然地被视为中国女子蝶泳的接班人，2016 年的里约热内卢奥运会，是张雨霏第一次站上奥运会的赛场，人们憧憬着她脱颖而出，站上领奖台，再一次享受鲜花掌声和万人敬仰。

现实却并不如愿，在女子 200 米蝶泳决赛中，她紧张到石化，大脑无法支配自己做正确的事情，只拿到第六名。一句"心态失衡"恐怕不足以解释这次失败。那天比赛的视频存在她的手机里，之后很长一段时间都不敢打开看，偶然间想起那天都会哭出来。第一次征战奥运遭受重创，这远比她想象中可怕，也更残酷。对于运动员，特别是世界顶尖的运动员，人生中能参加奥运会的次数非常有限，所以每次奥运会都将是运动生涯乃至人生的重大转折点。在那次之后的不少国际比赛中张雨霏接连失利，"我觉得拿不下奥运会，亚洲

锦标赛我总该拿下了，但是亚洲锦标赛上我只拿了第二。我就开始质疑是不是不该练游泳，我怎么总拿第二名？训练时游那么快有什么用？"

站在游泳生涯的低谷向上望，张雨霏开始重新审视自己，要提高的除了训练水平，还有心态，她下定决心从头再来。2017年年底，张雨霏遇见了对技术细节要求极高的教练崔登荣。崔教练判断，张雨霏的能力极强，但技术不精，形容张雨霏就像一台搭载了超跑机器的"极品飞车"，外观看起来却是一堆破铜烂铁。面对能力超强但技术短板明显的张雨霏，崔教练给她开启了三年计划：2018年改技术，2019年练体能，2020年拼细节，然后迎战东京奥运会。

蝶泳是公认消耗最大、难度最高的泳姿，浮力和平衡损失远远大于其他泳姿，对于运动员的体能、协调发力和控制能力要求极高。张雨霏查出先天脊柱侧弯，最直接的影响就是感知错误。"明明我感觉是相对称的一个动作，但是在教练眼里是不对称的，而教练眼里的对称是让我感觉不对称的。"崔登荣发现张雨霏两侧力量不均，抱水时机也不同，从入水手形、入水点、抱水路线到出水路线都有问题，甚至出发、转身、到边细节也都有缺陷。

为了让张雨霏这款"极品飞车"开出最大马力，师徒俩毅然决然地走上了风险大、短期收效甚微的技术优化之路。但习惯了"用力游就完了"的张雨霏，一下子从粗线条的力量型训练进入细致入微的技术磨炼，很不习惯，她不得不忘记过去的肌肉记忆，尝试练习许多枯燥甚至痛苦的动作，重新学习出发、转身、到边这些基础课。

张雨霏和崔登荣都是出了名的"犟种"，她大大咧咧，他啰啰

唆唆，刚开始训练磨合期的时候，两人没少吵架。张雨霏觉得竞技体育，运动员负责拼命就好了，冲、干就完事了，婆婆妈妈说这么多干什么。教练却给她安排各种"奇怪"的训练方法抠细节。为了一个纠正动作，她必须往返无数次，力竭的张雨霏说了好多次"等不到东京了，我现在就退役"，当然，奥运路上的艰难是他人难以想象的，师徒二人也只能以这样的拌嘴吵闹来消解这过程中的压力。

她就这样在泳池里来回往复，强化每一次出发、水下腿、游程和转身，体会身体控制与协同发力，把汗水留在泳池里。在体能房里不断挑战极限，负重引体向上从 15 公斤到 45 公斤，无数次累到汗水模糊视线，无数个夜晚被肌肉酸痛疼醒。"只要你打不死我，明天的我就会更加强大。"她不让自己陷入情绪的沉沦，也激励自己更加勇毅和坚强，在训练中积蓄"蝶变"的力量。

逆流而上的故事真的发生了。2018 年 8 月雅加达亚运会，张雨霏在女子 200 米蝶泳决赛中顶住压力，以 2 分 06 秒 61 的成绩夺冠，并取得男女混合 4×100 米混合泳接力金牌、女子 100 米蝶泳银牌，一时间闪耀赛场。

"我以前一直认为竞技体育就是比身体，就是比力气，崔导教会了我竞技体育，尤其是游泳项目，不是只有蛮力就行，有一些事情你是可以用智慧、用技术、用细节去做到的，从而节省了不少力气。"张雨霏说，"原来是有第二条路可以选的。"这在职业生涯谷底相互扶持、艰难前行的师徒，越来越信任彼此。

"每当我重燃信心的时候，现实总会给我一巴掌"，技术优化虽然给东京之路短暂地开了绿灯，但走向奥运冠军也并没有想象中那

◆日常训练中，张雨霏不断实践，观察，调整自己

么容易。仅一年后的 2019 年 7 月，在韩国光州的第十八届国际泳联世界锦标赛上，张雨霏再次遭遇惨败，100 米蝶泳未进决赛，擅长的 200 米蝶泳更是连半决赛都没进入。之后的半年，张雨霏的 200 米蝶泳仍然没有起色，在全国锦标赛、军运会上相继输给对手。她对这个距离产生了一丝恐惧。这一年，好像谁都可以赢张雨霏，200 米蝶泳成了张雨霏内心挥之不去的梦魇。面对只有不到一年的东京奥运会，张雨霏陷入了深深的迷茫。

2020 年 4 月，在新冠疫情影响下，东京奥运会宣布推迟一年举办，这时，崔登荣作了一个大胆的决定：一年不让张雨霏参加任何 200 米蝶泳比赛，不测试 200 米蝶泳成绩，专注 100 米蝶泳。同时加大陆上力量训练，练体能。张雨霏的训练强度一度和队里的男选手持平。冬训时，她会暗自和男队员较劲，"刚开始的时候我是跟组里的男孩去比，原来他练的重量好像跟我差不多，后面就成了他做多

少我做多少。"

就是这颗"想赢"的心，日日夜夜支撑着张雨霏。她心里清楚，脱胎换骨的唯一方法就是硬着头皮顶下来。她更加刻苦地训练，坚信"比起在赛场上哭，不如在训练场上多流点汗"。

从"张不敢想"到"张敢想"

2020 年下半年，"蝶后"的"蝶变"终于到来。

9 月的东京奥运达标赛上，张雨霏先是打破了尘封 10 余年的女子 100 米自由泳全国纪录，而后大幅刷新女子 100 米蝶泳亚洲纪录，距离世界纪录仅差 0.14 秒。几个月后，张雨霏捡起搁置一年多的 200 米蝶泳，在东京奥运会国内选拔赛的女子 200 米蝶泳比赛中，创造了个人的最好成绩。一切顺利得不敢想象。

"我发现我一点都不适合当运动员。"张雨霏身边几乎每个人都听过她说这句话。她说自己每次上场比赛前，都会先尿一下，先退缩一下，会怀疑自己。但她心目中的运动员应该是一往无前的，是自信的、阳光的，是充满斗志和希望的。

东京奥运会开幕前一个多月时，美国运动员托丽·胡斯克（Torri Huske）在全美奥运选拔赛女子 100 米蝶泳比赛中，游出了 55 秒 66 的好成绩，超越了张雨霏 2021 年的最好成绩。得知这个消息后，张雨霏失眠到凌晨 4 点，她又尿了，哭着和崔教练讲述自己的崩溃，满脑子都是"我害怕，怎么办？"但崔登荣从未对张雨霏丧失信心，甚至常对她说："你能拿奥运会冠军。"张雨霏不信，也不太敢想。

张雨霏形容起蝶泳眼睛发亮，她说，蝶泳就像一架飞机的起飞，永远在往前，永远在往上走，尤其是在终点前，眼前是一个越来越明亮、越来越清晰的世界，而水中的自己爆发出人类最极致的力量，一个人短暂体会到飞起来的感觉，朝着即将抵达的终点，一步一步向上飞升。

无数蝶泳运动员都觉得200米蝶泳的最后15米是最难熬的时刻，而张雨霏却觉得，"当每一次抬头都感觉到自己离终点又近了一步，是能抓得住的希望的感觉，成功唾手可得了"。

2021年7月，张雨霏站上了东京奥运会的赛场。这一次，她真的抓住了希望。她先是在女子100米蝶泳的比拼中摘得银牌，后来在200米蝶泳比赛中一骑绝尘，从赛程的前50米就开始远远地将其他选手甩在身后，毫无悬念地拿下金牌并打破奥运会纪录，成功地让五星红旗首次在东京奥运会游泳赛场上冉冉升起。"我当时特别激动不是因为拿了第一名，是觉得这个成绩太快了，真的是我游出来的吗？"还没来得及庆祝，80分钟后，张雨霏和队友一起为中国队夺得女子4×200米自由泳接力金牌，两天后，她又和队友一起在男女混合4×100米混合泳接力决赛中为中国队再下一枚银牌。在酣畅淋漓的翻腾下，她成为东京奥运会获得奖牌最多的中国运动员。

张雨霏"哪吒闹海"般结束了东京的成名之战。她游了12枪比赛，上了无数次热搜。其中与日本选手池江璃花子的拥抱，更是成为东京奥运会的经典瞬间之一，刷屏了国内外社交网站。张雨霏与池江璃花子是年纪相仿的同一代运动员，从小就在赛场上相见，池江璃花子能在一届亚运会上拿到6枚金牌，是很多运动员的偶像，同样是张雨霏追赶的目标。但后来，池江璃花子罹患白血病，经历了痛苦的

治疗和恢复后，坚持训练和比赛，用励志和不屈的精神打动了世界体坛，在东京奥运会上复出。两个女孩在赛场边重逢，张雨霏紧紧抱住她并送上祝福，希望下一年亚运会再见的场面感动了很多人。

东京奥运会后，张雨霏的名字家喻户晓，所有人都记住了她大方自信、阳光般的笑容。

奥运冠军之后的从"0"到"1"

成为奥运冠军之后要做什么？张雨霏猝不及防。上一秒还是睁眼游泳，闭眼梦见游泳的运动员，唱完国歌领到金牌，走下领奖台突然就成了体育明星，成了公众人物。原来有训练的日程表里多了商业合作、拍摄、采访、参加公开活动。张雨霏需要在最短的时间内完成社会化，成为符合大众期待的那个人。面对这些变化，张雨霏承认自己根本应付不来。

那个时候，张雨霏有了自己的体育经纪人。刚开始和张雨霏一起工作的时候经纪人觉得她还是一个小孩，单纯且善良。拿到商业代言、接受杂志拍摄、参加时尚活动，张雨霏对这个全新的世界感到既陌生又好奇。

一边是泳池外的新鲜生活，另一边是"不愧是奥运冠军"的赞美，那一段时间，张雨霏短暂地喜欢过游泳，在泳池里也自信心爆棚，"感觉我在水里面就是一只水上漂，什么轻功水上漂，说的就是我"。

但很快，她开始意识到，冠军之后新的道路没有那么简单。外出工作时，她带的衣服没法上镜，参加活动也不小心记错嘉宾的名字，原来工作对她有很多要求，也要努力认真准备才能做好。回到泳池里训练，起起伏伏的状态也会让她产生疑问："我游还是不游？"彼时巴黎奥运会的备战已经开启，张雨霏在国家游泳队的身份也在悄然发生变化，她逐渐成为队内的领军人物、小队员们的偶像，压力也随之而来，轻装上阵的感觉似乎再也回不来了。

张雨霏说："能感觉到心态在往下走，对游泳的感觉更是说不清楚。"小时候为了不让妈妈失望游泳，上个奥运周期是崔登荣教练督促着她拼命练，争来两块金牌，可然后呢？失去了目标和动力的张雨霏迷茫了，还要再来一个四年吗？第二名就是失败，下一个四年她还能一直赢吗？她太害怕输了。

助理教练黄光裕明显看出东京奥运之后张雨霏的变化。"她在水中的身体调动变差了，速度肉眼可见的变慢了。"在他眼里，那段时间的张雨霏下水游泳只是"做一天和尚撞一天钟"。

泳池内外的张雨霏都不好过，"抓狂、无望、无助"，张雨霏这样形容自己的 2022 年。

奥运金牌，看似是运动员漫漫征途的终极目标，但事实上，那不过是人生路途中，一个重要的中场时刻，伫立在人生分水岭，下半场接踵而至，如何走好下一程是每个运动员都要面对的课题。

"宁可肌肉在深夜里燃烧，不让情绪在失败中沉沦。哪吒，就是要脱胎换骨；蝶后，一定是蝶变之后。探索运动的极限，收割青春的金牌，冠军是胜者，更是逆境中崛起的人。"在"感动中国 2023 年度人物"颁奖晚会上，给中国游泳运动员张雨霏的颁奖词这样写道。2023 年这一年，张雨霏参加了 92 枪比赛，收获 34 金 6 银 5 铜，辗转于 8 座城市的三餐四季之间。

◆ 奥运赛场上，张雨霏展示自己拼搏取得的佳绩

崔登荣教练常说："培养一个优秀运动员，首先要培养他们成为一个优秀的人。"在经纪人眼中，她的工作是要和教练团队一起，朝着共同的目标帮助运动员成长，"我们都希望张雨霏在各个方面能够成为一个更好的人，更全面的人"。

东京奥运周期结束那一刻，巴黎奥运周期已经开启。

泳池内，运动员张雨霏喊着"不想下水"。崔登荣牵头为新周期更精细的科学备战扩充团队力量，引入花样游泳世界冠军呙俐参与张雨霏的体能训练，增强身体的协调性和柔韧性，以花游技术提升游泳运动员的水感，尝试更多创新方法去寻找新周期突破的可能。

泳池外，"体育明星"张雨霏媒体曝光、社会活动、品牌合作频繁，她需要尽快适应这个新身份。经纪人主动给张雨霏打了一个长电话，"我要让她明白我在做什么：我提供的是什么样的服务和帮助，我需要你怎么样的配合，达到什么样的效果。"

成为奥运冠军前，运动员只需要负责专注训练、游出好成绩，生活简单地在训练场、餐厅和宿舍三点一线循环，但从现在开始，她需要去适应新的生活方式，与更多人协作。在拍摄现场先搞明白摄影师需要什么，在对谈时提前理解对方需要什么，参加品牌活动时，要明白品牌需要什么。在新的身份中，她开始看到自己需要去承担和履行更多的责任与义务。

妈妈看到女儿陷入困境，打电话跟她谈心，"你不可能始终都站在高高的山顶上的，总想以完美的姿态出现，那就不会那么开心。作为妈妈，我希望你开心就好。"

张雨霏的包袱一点点被卸下。

赛场上，关于张雨霏的消息频频传回。

2023 年 5 月，全国游泳冠军赛，张雨霏开始了童话般的一年，顺利按计划拿到 6 项亚运资格；7 月，世界游泳锦标赛，女子 100 米蝶泳夺冠，赢得个人首枚世锦赛金牌；8 月，成都大运会，她戴着可爱熊猫头饰，赢下青春主场的 9 个冠军；9 月，杭州亚运会，她以 6 金实现赛前"把 MVP（亚运会最具价值运动员）留在中国"的诺言，成为中国首位获得这一殊荣的女子运动员，实现了从"我可以输，但绝不认输"到"我不仅要赢，还要赢得漂亮"；10 月，世界杯布达佩斯站，她坚定宣言"我不想只做公主，我要做自己的女王"；12 月，全国游泳锦标赛，她以 0.02 秒之差输给了年仅 17 岁的福建选手，这次她说"我学会了输，只要输得有价值就行"。

张雨霏承认"我用了一年半的时间才反应过来，先接受自己从奖牌选手变成金牌选手，再把这一切放下重新开始，真的好难。奥运冠军只代表你那一刻的辉煌，不是说从现在开始到后面你都是赢

家，我要慢慢接受，我还是要回归一个普通运动员的日常"。

成长的痕迹如竹子拔节一样在张雨霏的身上发生着。

回到泳池边，备战巴黎奥运的路上，黄光裕看见张雨霏前所未有的努力和刻苦；她把团队里所有人的生日、爱好都记在心里，提前准备礼物，更加理解和照顾团队成员，更主动去和大家协作；看到小队员紧张，张雨霏还会主动帮他们缓解情绪，"不用紧张，不是说比完这次比赛、我们就没有下次比赛了，我们不用害怕。"

泳池外的工作中，经纪人看到张雨霏开始在每次工作前仔细研读拍摄方案，更认真自如地应对镜头，在每次的工作中认真总结经验。

采访中，张雨霏谈道："我觉得每个运动员都有属于他的花期，但没有一朵花从一开始就是盛开的，我们需要积蓄能量，等待奥运会上的绽放，等待属于'我'的时代。"

我想成为一棵树

巴黎奥运会的前一年张雨霏特别忙碌，周一到周六训练，周日参加各种活动，"体验"打工人的生活，时间被安排得满满当当。但张雨霏却很喜欢这种生活，"特别充实，能认识好多人，特别有意思"。

在多重身份相互交织下，张雨霏的朋友圈里加入了很多新朋友。她遇见了很多人，也看见了很多人。有其他项目的运动员、体育科技从业者、媒体记者，也有学者专家、医生护士、农业技术能手这些和体育竞技毫不沾边的行业人员。20多年如一日的运动员进入向外看、向内求的探索阶段。"从不同的人身上她总能吸收新东西，她拥有全世界顶尖的学习能力，只是更倾向于用实践的方式"，见证张雨霏逐渐适应运动员之外身份后如竹子拔节、暴风般成长的经纪人很有发言权，在她眼中，张雨霏是个特别擅长吸收理解的人，无论对象是全新的领域还是人。

作为敢于拼搏、勇于拼搏的中国优秀女性代表，她被评为全国三八红旗手标兵。2023 年纪念三八国际妇女节暨表彰大会上，刚出现在会场，张雨霏就被围得水泄不通。在场的每位嘉宾都喜欢她，几乎每个人都在忙着编辑一条"含霏量"极高的朋友圈。也是那次，张雨霏与北京师范大学 90 多岁的老教授黄会林，两个人生轨迹完全不同的"90 后"第一次有了交集，俩人的手紧紧握在一起。张雨霏敬仰黄奶奶从抗美援朝的战火洗礼到学术殿堂里教书育人，从专注影视学科研究建设到致力提升中华文化国际传播力这传奇般的人生经历。黄奶奶看着身边笑容阳光、自信健美的张雨霏，透露出赞许与期待。

习近平总书记曾用"人生能得几次搏"鼓励青年运动员拼搏奋斗，用"每一位妇女都是时代的书写人、追梦的奋斗者"激励广大女性追求出彩人生。在表彰大会上发表感言时，张雨霏作为"青春型"事业的运动员，她用在苦与甜中不断挑战，超越自己，享受竞技体育的快乐的经历，倡导广大女性朋友不给人生设限，探索非凡人生之路，她牢记习近平总书记的谆谆嘱托，发挥全国三八红旗手标兵模范带头作用，她用专注和努力，展现"使命在肩奋斗有我"的巾帼风采。

作为全国人大代表，她特别关注"青少年体育教育和竞技体育

融合发展"，带着"推动竞技体育优质资源更好地向学校普及，鼓励广大现役、退役运动员更多地走进学校和社区，提供专业体育指导"的提案上会，倾听着各行各业代表们关切的民生小事，在传递运动员积极、阳光、正能量的同时，也从其他优秀代表身上汲取热爱的力量。

带着 3 年的成长，张雨霏来到巴黎。

法国巴黎拉德芳斯体育馆——"女子 100 米蝶泳决赛，第三泳道出发的张雨霏最终以 56 秒 21 的成绩，收获一枚铜牌……""女子 200 米蝶泳决赛中，中国选手张雨霏以 2 分 05 秒 09 的成绩获得铜牌——

◆ 抵达终点满怀信心，张雨霏对未来充满希望

这也是她在本届奥运会上收获的第三枚铜牌……"看过成绩后她低着头，长时间用双手抓着泳池边，仿佛这场女子 200 米蝶泳决赛，已经耗尽了她全部力气。

"我认为拿下奥运金牌需要天时、地利、人和，不是光有努力就能拿到，每个人都很努力，但冠军只有一个。"

张雨霏多项目参

赛的"劳模"策略，以及 6 块奖牌的奥运目标早已定下，可来到奥运赛场上突发的诸多意外仍令她和教练措手不及。发烧带来的身体不适和伴随生理期而来的强烈肢体麻木同时降临。在这种情况下，她煎熬着，支撑着，有时一天双赛甚至三赛，对体力、精力、心理都是巨大的消耗。

与此同时，西方媒体掀起针对中国游泳的舆论战，在高强度的奥运赛时，还在媒体采访中反复质疑中国运动员的能力与成绩。

张雨霏在如此内外交困的情况下，一次次勇敢地跃入泳池，在巴黎奥运的赛场上劈波斩浪。面对镜头，张雨霏几度声音哽咽："死"也要"死"在泳池里。她最终收获了 1 银 5 铜共计 6 枚奖牌。至此张雨霏参加 3 届奥运收获奖牌数达 10 枚，成为中国体育史上获得奥运奖牌最多的运动员。

"要是能换个颜色就更好了。"在巴黎奥运会上拿到 6 块奖牌，但没有一块金牌，心有遗憾的张雨霏依然笑得漂亮，"这次奥运会，堪称我职业生涯中经验最丰富、收获最多、过程最坎坷的一次，从来没有这么五味杂陈过。"巴黎奥运会给她上了一课，当困难接踵而至，把你压到想退出、想扭头就走的时候，你依然要直面这些困难。

巴黎奥运后，张雨霏获得的赞誉、荣誉与认可，并未因没有金牌而受到影响。"大众不再以金牌作为评价运动员的唯一标准了，我特别开心，但我仍然对金牌充满渴望，这没什么不能承认的。"也正是因为少了一枚金牌，才让她有勇气和动力继续向 2028 年的洛杉矶奥运会前进。

第三次奥运之旅结束后的张雨霏依然忙碌，参加奥运健儿港澳行、拍摄时尚大片、参与公益活动……与东京夺冠后的状态明显不

同，对于未来的人生道路如何走，以后想成为什么样的人，她好像想得更清楚了。这趟巴黎之旅对张雨霏的影响之深之远远超想象。

她希望专业运动员可以通过各种形式进入学校、社区，给予青少年更多专业性指导，让运动员的价值可以得到更广泛的发挥。

于是她走进广西，与三江侗族自治县的孩子们一起体验民族体育项目——背篓绣球，号召大家加入全民健身，畅享体育盛宴；她现身东南大学开学典礼，用"人生最浪漫的事莫过于，祖国召唤我时，我们正青春！"给学弟学妹上了一堂拼搏青春示范课。

她不忘老朋友，到忘年交黄会林教授家拜访，听黄奶奶和爱人绍武爷爷讲烽火中相爱相知相守70余年的峥嵘岁月。"小雨霏"心里暖暖的，"爷爷说我们运动员是和平年代里为国出征的战士，奶奶说我们更应该在国际赛场上讲出精彩的中国故事"。

她与新朋友建立深厚的情感链接，出现在中国网球公开赛的四分之一决赛现场，为中国网球运动员郑钦文加油。在郑钦文看来，张雨霏是个有能量的姑娘。看到好友逆转取胜后，张雨霏也毫不掩饰对郑钦文的欣赏，"我觉得我们中国人都有这种特性，我们上了场以后，不管遭遇怎么样的处境和困难，都一定会坚持到底"。

当被问及希望成为什么样的榜样，她说，希望自己可以成为一棵大树，让更多的人在她的树下乘凉，希望所有人看到我都能有成为更好自己的勇气。张雨霏的心态悄然发生着转变。

远眺2028，面对是否要再搏一搏洛杉矶，再向奥运金牌发起冲击的现实问题时，张雨霏想了又想，她说，我想去享受奥运。"中国游泳还没有30岁的女子运动员能站上奥运会的赛场，我想去试一试。"

　　张雨霏认为，运动员只是她人生中的一个阶段，她把自己当作一个有待进步的年轻人，她还有太多想尝试的事情，比如学好英语争取以后到国际组织工作，为中国运动员争取更多的话语权；比如回到大学去学习更多体育领域和体育之外的知识……她开始好好思考，泳池内外，自己要成为怎样的人。

　　此刻，26 岁的张雨霏，宛如一棵树，枝繁叶茂，春华秋实，张开双臂迎接每一个清晨，用力汲取着每一滴露水。又宛如一位勇敢的开拓者，她目光坚定，心怀憧憬，缓缓推开那扇通往新世界的大门，朝着那无比璀璨、充满无限可能的新世界奋力奔跑，书写属于她的崭新篇章。

▣ 记者手记

以青春之名，赴泳坛之巅

　　在中国体育的璀璨星空中，张雨霏宛如一颗独特而耀眼的星辰。采访她的过程，就像是一场探寻宝藏之旅，逐渐揭开她之所以成为"张雨霏"的那层纱。

　　初见张雨霏，是在 2023 年纪念三八国际妇女节暨表彰大会的休息室里，彼时她正在准备稍后上台的发言，她沉着肩、低着头，嘴里念念有词，时而蹙眉时而微笑，鲜活极了。随后是她元气、灿烂的"霏式"笑容，主动打破了初见的陌生感。作为同龄人，我们的沟通愉快而顺畅，我数次惊讶于她直白的真诚，毫无保留地展现在每一个眼神和每一次对话中。当谈及训练的艰辛，她不会故作轻松，

而是坦言那些累到想放弃的时刻，那些汗水与泪水交织的日子。说到众所周知的"我不喜欢游泳"，她坦言游泳的艰辛与枯燥，毫不掩饰内心的"不喜欢"，也承认游泳为她带来的一切荣誉与成就。邻家女孩般的真诚，让人觉得毫无距离。

她看着外表甜美亲和，其实内心倔强得可怕。在泳池中，面对强大的对手和难以逾越的纪录，她哭过、她崩溃过，但却从未真的退缩。为了提高零点几秒的成绩，她反复地雕琢每一个动作细节，顾不上身体的疲惫与伤痛，忍受高强度的训练，那是她义无反顾的坚持。正是这分"可怕"的倔强，让她从泳池边玩水的小女孩游成了世界冠军，一步一个脚印地书写着属于自己的传奇。

她不刻意塑造完美形象，开心时纵情欢笑，失落时也会黯然神伤。采访中，她认真思考每一个问题，即使这个问题在这些年不同阶段被反复问起，她还是会沉思后给出当下的答案。谈到比赛失利的经历，仍会眼眶泛红，沉浸回当时的情绪；聊到最近感到幸福的时刻，她眉飞色舞，毫不吝啬分享假期里享受片刻"躺平"的舒适快乐。她把喜怒哀乐写在脸上，让人随时都能看到一个有血肉、立体的张雨霏。

她"电量充足"，情绪饱满。无论是在训练场上、社会活动场合还是生活中，总是活力满满。她喜欢尝试各种新鲜事物，拥抱生活中一切挑战与机遇，感染着身边的每个人。她从他人身上汲取力量的能力更是一种智慧。她提及教练的悉心指导，队友、团队的陪伴鼓励，家人默默的支持，工作时遇到的新老师、新朋友。每次接触到的新领域、了解的新知识带给她的快乐成倍放大。

采访结束后，我深刻地理解了为什么她是张雨霏。她用真诚搭建起与世界沟通的桥梁，以倔强在泳池中开辟出属于自己的航道，靠元气驱散阴霾迎接每一个新的明天，借从他人身上汲取力量、知识丰满自己的头脑和羽翼。她不仅仅是一位优秀的运动员，更是一个充满无限可能、独一无二的个体。她在泳池中溅起的水花，也在关注中国体育的大众心中泛起层层涟漪，激励着更多人勇敢追梦，绽放属于自己的精彩。

芳华 映照奋斗美

苏 琴

　　她参加过300余次救援，热血点燃向险而行的勇气，被誉为民间救援力量中的"铁娘子"，她就是安徽合肥市蓝天救援队队长苏琴。

　　苏琴，中国妇女十三大代表，合肥市蓝

天救援队队长。获评 2023 年度全国三八红旗手标兵，2024 年"最美巾帼奋斗者"，2020 年全国学雷锋志愿服务"四个 100"最美志愿者，第五届全国 119 消防先进个人，其家庭入选 2021 年全国最美家庭。

苏琴：向险出发，逆行救援"铁娘子"

王梓蓉

2024 年 3 月 3 日，纪念三八国际妇女节暨表彰大会上，苏琴身别"全国三八红旗手标兵"绶带，她利落的短发，麦色的皮肤，一身制式的蓝天救援队服，在人群中显得格外精神、干练。

作为不多见的女救援队长，这位 80 后"铁娘子"的经历也非同寻常：跳进湍急的洪水中抢险，悬在万丈山崖上救人，担任总协调率队远赴土耳其地震灾区……十几年来，她和队友们参加了 700 多次各类救援及城市寻人行动，于惊心动魄中挽救了一条条生命，一个个家庭。

一次次逆风而行，一次次迎险而上，为人女、人妻和人母的她难道不害怕吗？

救灾，大爱无疆

2023 年 2 月 6 日，当地时间凌晨 4 点 17 分，土耳其卡赫拉曼马拉什省，熟睡的人们完全没意识到，厄运会向他们突然袭来。几

乎一瞬间，一场 7.8 级的大地震在毫无预兆的情况下撕裂了整个城市，天空炸裂，大地翻腾，建筑崩塌，道路中断……仿佛整个世界都在崩溃的边缘。

仅仅几个小时后，在离第一次地震约 98 公里的地方，又发生了另一起 7.8 级的大地震。这一次的震动更加剧烈，破坏力也更加强大。房屋倒塌的声音、人们哭喊的声音、汽车碰撞的声音……所有的声音交织在一起，构成了一幅令人窒息的灾难画面。

北京时间 2 月 6 日 9 点 17 分，地处合肥市老城中心的淮河路步行街上，农历兔年元宵节的红灯笼仿佛还未完成装点的使命，一个个红彤彤、喜洋洋地等着工人们来取下。在这里，昨夜团圆饭的锅气还未散去，人们意犹未尽地走出春节，走进新的一年……

苏琴的手机屏幕一亮，微信通知栏里弹出"土耳其发生大地震"几个字，她下意识地看了一眼杵在房间角落里的行囊，心想难道新年"第一差"就是这样的突如其来？果然，中国政府第一时间启动紧急人道主义援助机制，苏琴没有片刻犹豫，吹响了合肥蓝天救援队的集结号，8 位精兵强将迅速召集完毕。一天后，来自全国各地 127 位穿着蓝色队服的志愿者们在武汉机场集合，他们携带着 3900 公斤的救援装备和物资向土耳其挺进。

"这就是咱们中国的蓝天救援队！"机场的路人们拿起手机，纷纷拍下这出征的一幕。身高未到 170 厘米的苏琴在人群中脚下生风，一瞥而过时很难辨出她是一名女队员，更不会想到她是这支百人救援联盟的总协调。

2 月 9 日凌晨 1 点多，救援队乘坐的飞机抵达土耳其伊斯坦布尔机场。随着电梯徐徐下行，一队黄皮肤、蓝制服的中国志愿者整整齐齐地列队出现，苏琴突然听到掌声，然后看见土耳其百姓的身影渐渐在眼前出现。

在语言不通的情况下，看着土耳其人民自发起立，争前恐后让出座位给救援队休息，端着食物递给自己，苏琴的心跳抑制不住地快起来，眼角有一点点湿润。在灾难面前，哪里还有什么国别之分，爱才是人类共同的语言。

经过飞机转乘，苏琴和队员们历经 10 多个小时抵达位于震中附近的土耳其马拉蒂亚。顾不上休息，救援队立刻按各自技能兵分多个战斗组昼夜展开搜救。地震发生的两天内，灾区又经历大雪和严寒天气。最低气温达零下 10 摄氏度，最高气温也不过零下 2 摄氏度，这给救援工作带来极大困难。

虽然接受过很多次训练，但从未亲眼见过大地震的苏琴，还是被眼前的满目疮痍给震惊了。人类文明的迹象已无踪影，废墟中，屋顶塌陷，窗户破碎。屋内家具的碎片、衣物、书籍等像被巨大的力量吞噬过，稀碎地散落一地。一些建筑物甚至完全坍塌，楼层与楼层之间几乎没有间距，远看像馅饼一样挤压在一起，让人无法想象这里曾经的生活场景。

队员们手持探测仪器，在废墟中找寻生命的迹象。虽然已过黄金 72 小时的抢救时间，但大家依然不想放弃任何一个生还的机会。搜救过程中仍有余震，原本仔细勘探好的位置打下去，很可能会因余震带来的新的偏差而前功尽弃。"近在咫尺，却远在天边"，在缝隙中找人，最令人备感折磨的莫过于看得见却够不着的场景。

随着一批批救援队员陆续抵达，苏琴需要调度的工作量也越来越大，她一边当着近 200 人队伍的总协调，一边钻入缝隙狭小的探

◆ 苏琴与队员研究现场情况，制定救援方案

洞里救援。因为搜救工作面越往下越小，男队员个子较大，钻不进去，遗憾的是，苏琴并未亲自营救到鲜活的生命，但来自中国的救援力量一共救出30多个幸存者，仅苏琴所在的小团队就营救出3人。

但更多的时候，他们面对的是失去生命的尸体。等待了100多个小时却在最后一刻断气的90岁老人，一个原本幸福快乐的小女孩，又或是齐齐整整的一家四口……

等苏琴再回到合肥，街上的年味儿已彻底更替成新年后的忙碌。"非常疲惫，8天瘦了8斤"，一年多过去，当她回忆起这段往事时，仿佛只记得这些，其余的细节也许是因为太过惨烈而被默默忘记。

抢险，大水无情人有情

2020年合肥的夏天，令苏琴刻骨铭心。头顶的天仿佛漏了，降雨量达到了往年的 3 倍。暴雨袭击江淮大地，从新安江、长江到巢湖、淮河，湍急的洪水到处肆虐。

7 月 14 日，皖南一山区需要潜水员下水排查搜索，当天下午 6 时，苏琴带着 10 名队员赶赴救援现场，6 个多小时抵达后，四周已漆黑一片。苏琴一抬手腕，跟随她多年的橙色户外手表亮了起来，她触摸表盘，看到天气预报显示第二天大雨，山区洪水一旦下来，水中基本没有任何能见度了，大家顾不上休息，只能决定连夜下潜。

泥泞中，到处都是挖土机隔开的河道，不仅坡陡而且石子很滑，再加上夜晚能见度低，搜潜难度系数很大，十分危险。苏琴摔倒在地，磕破了腿。但作为全队唯一的女潜水员，苏琴顾不上伤痛，一头扎进冰冷的山泉中，搜索到深夜……任务结束时，她的手臂已冻得发黑，宾馆的洗手间里，潜水服都没有力气去脱下来，在热水下冲了半小时才缓了过来。"我是队长，必须打头执行下潜任务。"尽管危险重重，但苏琴的心中只有完成任务的踏实感。

即便是做救援工作，天天生活在城市里，也会忘记"水的无情"。在灾区，洪水最深处可达 8 米高，二层楼里的东西都在房间里飘来飘去。"往年我们也多次参与灾害救援，大家看过了太多人间悲剧，但身处现场那种视觉冲击，还是让我的心揪得厉害。"

有一次紧急救援，苏琴回忆起当时的画面，"真的就像过电影一样。"救援队刚去的时候，洪水就在不停地上涨，当时就发现房屋的墙面已经开始有渗水，等到队员们成功将群众撤离，不到 10 分钟，房子就在洪水的冲击下全部倒塌。

还有一次，苏琴和队友转移最后几名群众时，浪很大，水时不时溅进船舱，原本不肯转移上船的一个阿姨哭了，后怕得说不出其

他话，上岸后一直不停地说"谢谢"……那一瞬间，苏琴觉得哪怕再辛苦，都值！

2020年7月22日，巢湖超历史最高水位，附近多处圩坝随时都可能溃口，尤其是顶托支流白石天河水位更是达到了13.56米。突然，防洪大堤处传来几声巨响，洪水像脱缰的野马冲开缺口，庐江县石大圩决口了！洪水四处肆虐，没过多久，5.8平方公里的范围内已是一片汪洋，周边4个行政村被淹。

混浊的洪水，表面是汪洋，实则暗流涌动。随着决口处面积再次扩大，眼见水流更加湍急。蓝天救援队连同消防、公安、水上救援队一起，分散在5艘冲锋艇上，打头阵的是消防员，苏琴坐在第二艘冲锋艇上。就在冲锋艇驶过连河村村委会附近时，急速的水流导致水位落差一下子从40厘米猛涨到了3米多。"掉头，快掉头！稳住，快稳住！"一声嘶吼后，只见前方消防员乘坐的冲锋艇猛然侧翻，刹那间卷入汹涌湍急的洪流中，艇上5人瞬间一并消失在可怕的"滚水坝"。

说时迟，那时快，紧随其后的苏琴高举右手，立刻向右前方猛打，"往右！往右！往右！"在"前车"消失的同时，她大喊，舵手迅速改变前进方向，从滚水坝旁惊险地绕过……

滚水坝有多可怕？由于存在落差，上游的水冲下去，和下一段低水位的水流形成反作用力，导致巨大的扰动，产生类似于滚筒洗衣机一样的翻滚效果。上下翻滚的水流，不像平面漩涡那样明显，往往水面比较平静，但水体之下却有暗流涌动。即便强壮如消防员，也会被这激流裹挟，失去自控能力。苏琴带着队友立刻从下游绕过滚水坝，开始搜救这5个消防员，最终，她和队友成功营救出3名落水消防员。

在 2020 年汛期最吃紧的关头，苏琴带领合肥蓝天救援队累计出动救援人员 824 人次，转运受困群众 517 名，全员累计服务时长 55296 小时。

回忆起当时，苏琴仍心有余悸："这种大洪水，力量不可抗拒，当时的那种无助感，让我一辈子也忘不了。可即使再危险，那些消防队员们，还是在义无反顾向前冲，他们真的很伟大，总是在最前面，总是战斗在最危险的地方。"

8 月 19 日下午，苏琴在巢湖大堤罗家疃段见到了习近平总书记。习近平总书记说："今天是专程来看望大家，我要向全国奋战在抗洪抢险救灾一线的同志们，致以诚挚的问候！我们的广大干部群众、解放军、武警官兵，按照党和政府的要求，发扬不怕苦累、不怕疲劳、连续作战、不怕牺牲的英雄主义精神，充分体现了我们中华民族的众志成城，我们这个民族守望相助、洪水无情人有情的人间大爱。通过你们的斗争、奋斗、坚持、努力，我们在不断夺取抗灾、防洪、防汛的阶段性胜利。"

"你知道我听完习总书记的讲话，内心有多激动吗？我们民间救援力量志愿者的行动，他都看到了。"一身蓝色队服的苏琴站在"人民英雄"当中，她当即暗下决心，要继续充电，通过不断学习，更好地带领团队发展，让合肥蓝天救援队的身影出现在更多的救援现场，帮助更多需要帮助的人。

救人，越紧急时越要稳

"我们这好好的，雨又不大，为什么要我们转移？"

"我祖祖辈辈都生活在这里，这点雨没事，我都经历过，不会出大事的！"

"你们也不容易，但我们真的是舍不得走啊……"

又是一年7月，郑州大雨。当时，在苏琴带领下，19名擅长操舟、通信、潜水及搜索等技能的队员，携带4艘冲锋舟，连夜驰援河南郑州。一条条街道，一户户人家，苏琴和队员将一个又一个被困群众安全转移。但在大多数情况下，转移工作并不容易。

有时，上游已出现险情，但下游还风平浪静、毫无征兆。要说服还未亲眼见到危险的百姓搬出自己住了一辈子的家，看上去很是"无理取闹"。在紧张抢险的氛围下，人与人之间的沟通更是容易失去耐心。

苏琴拿出手机，一边播放在上游抢险时录的视频，一边语速缓慢地解释："大姐，您看看，这几十里开外的地方都被冲成这样了，这里也马上面临同样的危险。要是洪水没过来，我们再把大家送回来，要是洪水来了，我们也'留得青山在不愁没柴烧'，回来重建家园。"百姓们听完，看着一个个嘴上干得起皮、汗水把救援服"染"成深蓝色的队员们，不再抱怨什么，转头回房间简单收拾，然后轻装上阵跃入苏琴和队友的冲锋艇。

做救援抢险工作时，最重要的是保持内心的平静和镇定，以便于关键时刻作出理性的判断，但往往人会在紧张时刻变得情绪激动，甚至会莫名亢奋或是过度焦虑。尤其抗洪救灾的现场闷热、潮湿，人又疲劳、着急上火，这几个因素一叠加，"真的像个炮仗，一点就爆！"男队员们事后笑嘻嘻地自嘲。

队员小杨一路小跑到总指挥苏琴面前，急急忙忙地说了摸底情

◆苏琴带领蓝天救援队队员在水灾现场转移受灾儿童

况。苏琴眼睛看着对方，扶了扶头顶的安全帽，然后一脸抱歉地把耳朵凑近说："你刚才说得太快了，我没听清。"待小杨重复后，苏琴很快给出了对应的指示。其实，她第一遍就完全听清楚对方提供的所有信息，但觉得他太急躁，于是装作没听清，等小杨讲完后她还会故意压慢速度回答。

"我平时讲话速度很快，但是在救援现场，我一般讲话会刻意放慢语速。"苏琴说，有时语速快也能把大家的节奏带得急躁。特别是用对讲机说话的时候，嘴比手快，刚一摁住侧键就开讲，往往前面的话都听不清。

2013年12月初，救援队接到一个求助电话：一名78岁老人走丢了。苏琴和队友们急忙赶到现场，向老人的亲属了解情况，制定寻找方案，并分头行动。当晚9点，苏琴和同伴搜寻到一条干涸的小河沟时，发现走失的老人躺在沟底，气息奄奄。两天没进食，老

人的身体已经很虚弱。苏琴脱下自己的棉大衣给他穿上，急忙拨打120……所幸，老人无大碍。

后来接到的寻人求助多了，合肥蓝天救援队根据苏琴的提议，专门成立了一个"防走失小组"。利用无人机、无线电通信等技术，协助家属找寻走失人员。苏琴还想到为患有阿尔茨海默病的老人免费发放"黄手环"，上面有其亲属的联系方式、家庭住址等信息，一旦老人走失或发生特殊情况，他人发现后可以联系其亲属或帮忙送回。

一次，苏琴又接到一个求助"寻人"的电话。电话另一端是一位老奶奶的声音，她情绪很急，喘得话都快说不出来了："我的爱人趁我不注意走了，他留下一封信，请你们帮我找找他……"苏琴先来到家中，看着老奶奶一边摩挲着老伴每日使用的物件，一边向她诉说他的种种。原来，这位老人的爱人已经罹患绝症许久，由于处于癌症晚期，每天身上都很疼。老头腿脚不便，连起身上厕所都需要老奶奶艰难搀扶。老奶奶说着展开一封信，苏琴凑上前去一看，这其实是一封遗书，不禁心里一沉，此次要寻的人已无"生"的希望。

苏琴按信中所写找到老人选择"辞世"的地方，竟然看见一个干净的床单叠放在岸旁。不禁感慨，即便自杀，老人都替别人着想周全。那时没有水下声呐探测器，苏琴和队友用工具在平静的河水下反复排查。

"奇怪……"

任凭苏琴和队友如何仔细搜寻，就是不见老人的"踪影"。苏琴心中盘算着老人从家走到这里的距离，虽然对常人不算太远，但对于连如厕都需要搀扶的人来说，能抵达岸边就已筋疲力尽，应该不会再走远。这时，她想起老奶奶不经意间提过老伴年轻时游泳极好，是一名运动健将……苏琴瞬间"醒来"，顺着河岸一路找去，探查 100 多米后，她终于看见了"老人"。

按照惯例，遗体打捞上岸后直接送至殡仪馆，再由家属去签字确认。然而，已经跟着一起来到岸边的老奶奶很想过去看看老伴的遗体，警察怕她情绪激动，或是再发生什么意外，不得不善意地拦截。此时，苏琴斗胆搀扶着老奶奶，去和她的爱人作了最后的告别——亲爱的，我爱你！再见！

老奶奶一字一顿地说出这几个字，没有号啕大哭，没有撕心裂肺，一切都是那么的平静……苏琴说，在队员打捞遗体时，老奶奶一直和她说着他们的过往，他们的生活，他们的爱情。对于老伴这样的选择，老奶奶内心很理解，除了难过，她更庆幸爱人得到解脱。

为什么一个将自己双脚鞋带系在一起、决心求死的老人会在离"跳河"那么远的地方被发现？苏琴百思不得其解。时隔多年，她想通了，那是老人在决心不再拖累爱人、决定结束自己痛苦的生命前，最后再"浪"一次，再"畅游"一次人生，直到拼尽全力，直到生命的尽头……

后来，苏琴时常同队员们讲起这个悲伤却又温情的故事。她想说，有时"人情"比"事情"更大，除了遵守既定的规则，队员们更要看到冰冷事实背后的温情，那才是救人的真谛——除了拯救生命，还有人之常情。

守家，珍惜爱的陪伴

2024 年情人节前，苏琴明里暗里地向丈夫索要一份礼物——情

书。谁能想到，一个参加救援数百次，一次次向险而行、逆流而上的救援队队长内心竟还是这样一个感性、浪漫的"小女人"？

在合肥新桥国际机场国际到达大厅，列队出来的14名队员收到了家属、队友和社会各界人士的鲜花、欢呼和掌声。

苏琴的爱人陆海涛在人群中显得略高，只见他在接机口刚看到妻子"冒出来"，就赶紧上前给她一个拥抱，并在她的脸颊吻了一下。"这次土耳其地震救援是苏琴所有救援行动中跑得最远的一次，我有点担心。看到她平安归来，我很高兴。"大胆示爱后的陆海涛又略显腼腆地对旁人解释起来。

其实，苏琴每一次"出征"，不管车站、机场有多少人围观，陆海涛都会在众目睽睽之下，在离别的那一刻，抱住她、亲吻一下……一身合肥蓝天救援队制服的苏琴，瞬间没了队长的威风，在陆海涛怀里娇小得像个孩子。

2016年4月23日晚，合肥大雨瓢泼，正在和儿子睡前聊天的苏琴，接到一个救援电话，一个老人在雨中走失。窗外，豆大的雨点打到玻璃上"嗒嗒"作响，一手搂着儿子的苏琴心立刻揪了起来："儿子，你看下这么大雨，有一位老奶奶走失了，妈妈应该去帮忙找到她吗？"10岁的儿子懂事地点点头："妈妈，你去吧。"

这边，丈夫已经在帮苏琴收拾东西，麻利且郑重地递上包："苏队长，动身吧！"平日里都喊"老婆"的陆海涛，每到此时就会用理工男独特的幽默感给苏琴解压，一声带点调皮的"苏队长"，包含着信任、鼓励和不舍……

丈夫照例亲了亲苏琴，看着她安心地关门离去。门锁轻轻合上，苏琴赶紧用手捂住鼻梁，想止住泛酸的鼻头和要夺眶而出的泪水……人生无常，每一次的相聚，都可能是最后一次。这个道理在这个特殊的家里，无论大人还是孩子都懂。

"老婆，我爱你！"

"老公，我也爱你哦！"

这是苏琴和陆海涛每天在微信里都要来回重复、反复念叨的留言，结婚近 20 年，越是久越是这般"腻歪"。

2003 年五一节，20 岁出头、浑身是胆的苏琴报名参加大别山穿越活动。3 天的穿越，让几个来自全省各地的年轻人从素不相识到打成一片。陆海涛就是其中一员，活泼开朗的苏琴"就像一束光"，让他眼前一亮。

自带光环的女主角苏琴回忆，当时没什么感觉，后来对他的印象就停留在身前一个又高又瘦的背影——一个穿着登山鞋、背着登山包，一身 T 恤和牛仔裤，裤脚还卷到小腿的阳光大男孩。"也许是我后来给自己加戏了，这个背影给我留下了一点心动的感觉。"也许冥冥之中自有安排，20 多年前的背影能在苏琴的脑海中如此清晰，那一刻的相遇，不是爱情又是什么？

3 天的大别山穿越很快过去，分别前，一个女性朋友故作神秘地眨眨眼，贴在苏琴耳边说："小陆看上去很不错哦！"大大咧咧的苏琴没有领会朋友的话外音，憨憨地回道："嗯嗯，咱们这次表现都不错。"

不久后，有"驴友"组织去合肥的董铺水库露营。听说苏琴要去，原本要加班的陆海涛二话不说就报了名。晚上，大家点起篝火，围坐在一起，有人提议玩"真心话大冒险"。"小陆，你喜欢哪个姑娘啊？"突然被问到这个问题，陆海涛有些紧张，但又暗自窃喜，

停顿片刻，他果断地说出一个名字："苏琴。"说完又马上紧张起来，抬眼看看苏琴，正好和她的眼神相遇。陆海涛脸上被火光照得红通通，心里怦怦跳，一下子被对面那双亮晶晶的大眼睛"击穿"，内心再次被这束"光"照得爱意涌动……

渐渐地，两个年轻人走到了一起。用苏琴的话说："他追了我好久！"2005 年，苏琴和陆海涛喜结连理，一起步入婚姻的殿堂。第二年 10 月，儿子陆苏新出生。陆海涛的母亲特意从老家过来帮小两口带娃，苏琴和婆婆相处得十分融洽。住在一起 10 多年，婆媳间一次不愉快都没有，苏琴夸婆婆善解人意，陆妈妈说儿媳家里家外都是一把好手。

不出任务的时候，苏琴就喜欢待在家里。好闺蜜一个电话打来，喊她出门小聚，她把电话靠近碗边，一边搅拌着她刚刚腌制的牛肉粒，一边得意地说："我今天专心陪老公和儿子，正准备做大餐犒劳这两个'贤内助'呢。"烧得一手好菜，是除了"英勇""坚毅"外，贴在苏琴身上的另一个标签。虽然在家的时间很少，但只要在家，她都亲自下厨，"投喂"家人。

如今，在家做饭这件事她也需要排队了，马上要高考的儿子，突然爱上了烹饪。换作别人家的父母，肯定让孩子专心学习、备战高考，可苏琴和陆海涛二话不说，提上菜篮子就把儿子所列清单上的原材料统统买回了家。只听儿子独自在厨房里一通捣鼓，许久过去还不见美食，在沙发上相依看剧的苏琴转头看向老陆："你儿子不会自己吃不叫我们了吧？""怎么会！"陆海涛自信满满地回击了来自老婆的"嘲讽"。果然，儿子在认真地摆盘，等一切准备就绪——包括"让手机先吃"后，陆苏新大声喊这两口子来"尝尝鲜"。

◆ 苏琴一家

陆苏新从小就是一个不折不扣的学霸，苏琴常常忍不住向外人夸赞他的儿子是"天牛"——天生的"牛"娃，既继承了爸爸聪慧的大脑，又继承了妈妈过人的体能。"我从来都没管过他"，听苏琴和电话里的友人又一次显摆，一旁的老陆终于忍不住了，等老婆挂断电话，坐到她对面，看着苏琴认真地说："你有没有想过是我教子有方？"苏琴看着严肃起来的老公，"扑哧"一声笑了出来。

她当然知道是丈夫在背后的付出。自己不在家的时候，谁来辅导作业，给孩子养成最初良好的学习习惯？谁来照顾偶尔头疼脑热的老人，为其修缮好家中的小物件？每次和闺蜜们聚会，苏琴都忍不住夸赞自己的老公。一次，好闺蜜和丈夫闹不愉快，找姐妹们出来"吐槽"。苏琴刚一坐定，身旁的闺蜜赶紧伸手捂住她的嘴："今天只准说老公的缺点，你少说话！"

有趣的是，结婚10余年来，苏琴和丈夫没有一次记住结婚纪念

日，经常是过了好久才突然想起，然后两个人哈哈大笑……2023年的纪念日，苏琴难得记住了，可是却遇上了救援任务，爱人只好在现场的警戒线外面焦急地等待着，等苏琴终于安排好现场的一切事务后，已经是饥肠辘辘。一身汗水一身脏，她和爱人就在附近的大排档找了一个安静的位置坐下。谁知她刚坐下，就本能地掏出手机给刚刚也忙完的队友打了过去："你们也还没有吃饭吧？我们就在附近的烧烤店，一起过来吃吧。"话音刚落，陆海涛怔怔地盯着苏琴，苏琴也瞬间明白过来，"我这是在干吗？不是庆祝结婚纪念日的二人世界吗？"于是两人又哈哈大笑起来……

在他们眼里，能一起去取个快递、买个菜，过着平凡的小日子，用支持鼓励和幽默风趣的方式，将每一天过成纪念日的模样才最有意义。

做人，眼里有光、心中有爱

1980年2月，苏琴出生在安徽省青阳县一个普通的公务员家庭。"你能想象吗？"苏琴和儿子描述着儿时记忆中的年味。

大年三十，又圆又大的餐桌上，毛豆腐、臭鳜鱼、一品锅、土鸡汤……苏琴的七大姑八大姨个个是巧厨娘，不一会儿大家就忙活出一桌丰盛的年夜饭。看大人孩子都到齐了，外公缓缓地从里屋踱出来，他让儿子儿媳、女儿女婿都围着圆桌坐好，孩子们在隔壁一个小方桌旁坐好，唯独他站着……

"年夜饭前，我们照例开个家庭会议，今年的主题是'遵守党的纪律'……"外公说着摊开自己的笔记，开启一年一度的"思政课"。

在苏琴的记忆里，外公手里永远握着一份《参考消息》，那是外公退休后始终坚持翻阅的报纸，里面总有他认为重要的理论和消息。外公十分看重廉洁守纪，他常常敲打在体制内工作的儿女，不能拿公家一分钱，不能占百姓一点便宜，要团结友爱、维护公德、帮助他人……

在充满正能量的家庭氛围熏陶下，苏琴从小就正直善良，为人坦荡。初到合肥上学，她感觉第一次离家的自己长大了，脑子里冒出一个想法——自己也要像家中长辈一样"做一个好人"。于是她打开崭新的日记本，一笔一画写下"每天做一件好事"。

第二天出门，她顺手带走了楼道里邻居的垃圾，过马路时发现一位需要搀扶的老人，上学的路上捡起随意乱丢的易拉罐……一天下来，竟做了不少好事！晚上洗漱完毕，苏琴躺在自己用砖头当床腿"找平"的木板床上，心里觉得美滋滋的，一翻身便踏实地睡着了……

学习财务的苏琴，毕业后来到一家装修公司做财会人员。"小姑娘做财务挺好"，同事们看着这个初来乍到的女孩文文静静地坐在办公桌前，认认真真地对账，怎么也想不到日后她会是一个专门负责抢险救灾的救援队队长。

其实，苏琴的"彪悍"很快就在公司"露馅"了。通常干财务的人都"长"在座椅上，每天写写算算。可苏琴不这样记账，她跑去工地，看工人具体如何装修施工，看每一笔开支都是如何花出去的，具体做了什么用途。很快，苏琴的账就记得既准确又合理，令同事们刮目相看。

一次，公司原本承包的大型装修项目被"毁约"，造成500多平方米的原木地板无处"消受"。已略懂装修的苏琴大胆地将这些

当年比较上档次的木地板全部承接下来，她发动家里亲戚，看看谁家需要铺地板，以"腰斩"零售价为大家装修。

炎炎夏日，苏琴头顶火热的太阳坐在平板货车上，"护"着她身后的地板，一路从合肥回到老家青阳。卸货后，她和工人一起上楼入户，先是把卧室中所有的家具移走，再仔细地将水泥地面清扫干净。正式开工前，她用提前备好的大块塑料布，仔细罩住所有家具和其余的边边角角。铺就好一个房间，再如法炮制铺另一间，一天时间内，这家不仅"焕然一新"了，同时还一尘不染。

苏琴前脚一走，亲戚就给苏琴的父亲打去了电话："你女儿太能吃苦了！一直蹲地上和工人一起干活，特别麻利……"父亲闭上眼睛，想象着自己养大的这个外表看似柔弱、实则坚毅的女儿，幸福得嘴角上扬。

回到合肥，苏琴不仅解决了公司的难题，还获得了自己的"第一桶金"。第一次看到账户上有了 4 个零，苏琴初尝勤劳的甘甜。

一则招募户外驴友的信息彻底为苏琴推开了一扇"天窗"，从此踏上了一条为情怀埋单的路。

手头有点积蓄的苏琴突然爱上了户外，从 2004 年开始，她登过三座雪山，穿越过三大无人区，徒步沙漠，走了 7 次西藏，自驾过欧洲……用她的话说："总之在没有接触救援工作之前，我那叫一个潇洒啊，不是在旅行的路上，就是在电脑前做着各种旅行的攻略。"

后来，苏琴实在太喜欢户外运动，干脆离开装修公司，自己创业开了一家户外俱乐部，组团带队翻山越岭。一次，她和几个朋友一起徒步徽杭古道，遇到芜湖的一个团队在寻人，原来，他们的一个队友在下山时走散了。彼时天色渐晚，山上没有手机信号，苏琴和朋友立即主动加入寻人的队伍。幸运的是，当晚就找到了走散的队员，有惊无险。然而，那次经历却让苏琴强烈感受到救援工作的重要性，通过做公益来帮助他人的理想，在那个时候开始悄悄萌芽。

2012 年，合肥市蓝天救援队成立，32 岁的苏琴成为初创成员之一，也是队里唯一的女队员。前 3 年，救援队的事情不太多，她在游泳、驾船、潜水、陆搜、急救导师等多重角色中打磨自己的救援技术，练成了"全能型选手"。直到 2015 年，前任队长卸任，她在众人的无记名投票中当选为队长。

2016 年，在长江安庆段，4 名少年溺水失踪，经过 3 天的全力搜救，遗体全部被打捞上岸。"遗体是找到了，可是人却再也不能复生啊，看着岸上悲痛欲绝的父母，在路上我就想，我们一定要做点什么！"

回合肥后，苏琴在向上级主管单位汇报工作时，谈起这件事情，领导提醒她，你们可以在平时作一些防灾减灾的宣讲。就这样，苏琴和救援队进村入校宣讲防溺水工作在 2017 年开展了起来。

讲台上，一个衣服印有"熊孩子"字样的队员假装笨拙地在水边反复试探，滑稽的动作和搞笑的表情逗得全场学生发出了笑声。"哈哈哈……"紧接着是更开怀的一阵大笑，原来，身穿"熊家长"字样衣服的队员上台了，他领着孩子来到竖有"严禁在此游泳"警示牌的小河边，扑通一声"跳"入水中……

这是苏琴和队员们根据一个个真实悲剧改编的情景剧，为了能引起孩子的警醒，减少悲剧的发生，他们既保留严肃认真的说教，也加入轻松活动的互动。这项工作一做就是 8 年，截至目前，共完

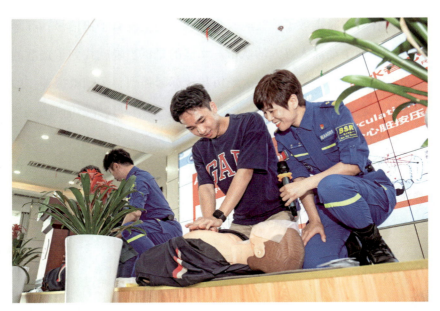

◆苏琴在作应急救护技能培训

成 1900 场宣讲，受益中小学生 170 余万人。在苏琴和队友们的努力下，合肥市中小学生因意外引发的溺亡事故逐年下降，这令苏琴感到无比欣慰，也觉得团队做的事情很有意义。

好多人问苏琴，你一个女人，冲锋在前不害怕吗？她笑一笑，"我怎么会不怕呢！"

"绳索救援"是救援工作者的基本功，基础线路搭建、上升下降过保护站、横移线路搭建及通过，竞技过 U、一对一救援……在这些技术培训考核中，苏琴都展示过矫健的身手，但她还是最怕"磨绳"。实际救援中，绳索很容易与陡峭的岩壁产生摩擦，救援队员在下降的过程中，绳索会随着负重加大，与岩壁拐角的磨损效应加剧，甚至可能切断绳索。苏琴最怕救援变成"葫芦娃救爷爷"，救不成人还把队员搭进去。因此平日训练中，苏琴总是反复强调："再多打一个固定点"，"那种命悬一线的感觉太可怕了……"

危险来临的时候，谁都会怕。只是面对危险和害怕，苏琴选择坦然以对。她坦诚地说，大家都有爱人，有孩子，有父母，身上都有着不一样的责任，但到了救援现场，根本就来不及想那么多，只是一门心思把事情做好，"如果真有危险，我是队长，我必须上"。

还记得一次抗洪抢险中，堤坝出现管涌，眼看稳固的河坝很可能变成一个威力巨大的"不定时炸弹"。队员小李急了，大声冲苏琴喊："我现在不喊你队长了，你是女的，女的先走，赶紧走！快，大家赶快把这个女的拉走……"

"我是队长，危险时刻我必须第一个冲在前面！"这位在救援一线默默耕耘的巾帼英雄，以智慧、勇气和不懈努力，构筑了合肥蓝天救援队的坚实脊梁。她深知，每一次救援行动都是对生命的尊重与守护，因此，无论面对什么艰难险阻，她都义无反顾地冲在最前，用实际行动诠释了"以人为本，生命至上"的崇高理念。

在苏琴的带领下，合肥蓝天救援队不仅成为了当地乃至全国范围内的一支重要救援力量，更成为了传递爱心、弘扬正能量的重要载体。她和队友们的事迹被广泛传颂，激励着更多人关注公益，投身救援事业，共同为构建和谐社会贡献自己的力量。

2023年11月，苏琴当选中国妇女十三大代表。会上发言时，她由衷地说："在救援现场做一个女汉子，在日常生活中做一个小女人。"如今，已有越来越多的女性加入蓝天救援队，在工作中，她们是警察，是律师，是医生，在生活中，她们是妈妈，是女儿，是妻子，但在救援中，她们都是女英雄……

"我们从未被定义，也从未敢懈怠，我有前进一寸的勇气，也有

后退一尺的从容。我们用自立、自信、自尊、自强，书写美丽篇章，以无私、无怨、无悔、无惧，展现巾帼绽芳华的女性力量。"

苏琴和越来越多的姐妹用自己的实际行动证明了，即使是最平凡的女性，也能在各自的岗位上展现出非凡的力量和光芒。她们勇敢的践行和无畏的精神将永远激励着后来者，在未来的道路上继续前行，为守护生命、传递爱心而不懈努力。

▣ 记者手记

和平年代，你我皆可成为英雄

苏琴身上有一股英气，能一下子从人群中"跳"入你的视线，她身上还有一股正气，是"巾帼不让须眉"最贴切的诠释。

当我们面对面坐下，窗外的阳光洒在她湖蓝色的制服上，映衬着她的眼眸既明亮又动人，很难想象，这位看起来温婉动人的女性，竟是总在最危险的地方冲锋陷阵的"总指挥"。然而，随着她一个又一个充满惊险的故事娓娓道来，我的双眼不禁一次又一次地被泪水模糊。

蓝天救援队，已成为参与防灾减灾救灾工作的重要力量，在各类重大自然灾害中发挥了积极作用。而合肥市蓝天救援队，作为这支庞大志愿军队伍中的一支主力军，在苏琴的带领下，已经发展成为一支集水域、山地、地震、绳索、无人机等技能于一体的专业化、复合型救援队伍。他们多次在生命救援、人道救助、救灾抢险等突发事件中发挥积极作用，成为人们心中的英雄。

在采访过程中，我一直在探寻一个答案：为何在这样一个以力量与勇气著称的领域，一个女性能够脱颖而出，成为领头雁？与苏琴那双坚定而温柔的眼睛对视时，我仿佛找到了答案。

她有着对自然、对生命的无限敬畏，有着对救人于危难的善良与英勇。在每一次救援行动中，她都能迅速而准确地判断形势，制定出最优的救援方案。她的决策，既体现了感性的细腻与敏锐，又不失理性的果断与决绝。

更重要的是，苏琴深知救援不仅仅是技术的比拼，更是人心的较量。她用自己的行动为队伍树立了榜样，教会每一位队员如何在危难时刻保持冷静，如何在生死瞬间作出正确的选择。她的存在如同一股凝聚的力量，让队伍在风雨中更加团结、更加坚强。

苏琴不仅是一位英勇的救援队长，她还是女儿、妻子、母亲。她自然希望家人能够过上平凡而幸福的生活，但她心中还有一个更大的使命——希望通过自己的努力，让更多的人了解救援工作的重要性，让更多的人加入公益救援的行列。面对这般矛盾的选择，苏琴却回答得极为干脆："穿上这身蓝色的队服，就意味着付出和奉献。虽然舍小家为大家，但我无悔。"

苏琴的出现不仅是个体的突破，更是对一个群体的肯定与颂扬。她的故事告诉我们：性别从来不是衡量一个人能力的标准。真正的英雄无关性别，只关乎勇气、智慧与担当。她常说："和平年代，你我皆可成为英雄。"她用自己的行动证明了这一点，也激励着更多的人无论男女都能在各自的领域里发光发热，成为自己生命中的英雄。

芳华 映照奋斗美 | 2024 最美巾帼奋斗者故事汇

—— 人物小传 ——

石玉莲

江西省峡江县金坪民族乡南下村党支部副书记、妇联主席，峡江县金坪民族乡优质水稻专业合作社理事长。党的二十大代表，获评全国三八红旗手标兵、最美巾帼奋斗者等。

石玉莲：田野上的逆袭

——种粮大户的科技梦

田　甜

"您是学生家长吗？"

"不！我是来报到的新生！"

江西农业大学的校园里，年近四十的石玉莲显得格外"乍眼"。作为江西省"一村一名大学生工程"的首批学员，当时的她并不知道这个身份的转变意味着什么，但她热切地渴望着拥抱更大的世界，她清楚地知道，这个来之不易的机会，或许就是自己人生中重要的转折点。

在此之前，石玉莲是个总爱"穷折腾"的失败者。20 年来，创业近 10 次，屡战屡败，负债累累；但此后不到 10 年，她却成了江西峡江远近闻名的"种粮大户""农民一姐"，带领乡亲们种植水稻面积超千亩，跑市场、做电商、搞科研，不但受聘成为江西农业大学的"农民导师"，享受副教授级课酬待遇，还是党的二十大全国唯一走上代表通道的农民代表。

仿佛一瞬间，换了天地。

"哭有什么用？继续干就对了"

在乡亲们眼里，石玉莲的名字总和"失败"挂在一起。"穷折腾，越折腾越穷！"这是当年很多人对她的评价。"难啊！逢年过节，我是真的在过'劫'，家门口挤满了要债的人，你总要想办法解决问题。"回顾自己曾经的创业之路，石玉莲叹了口气。

1993 年，职业高中毕业的石玉莲和当时大部分同龄女孩一样，选择了南下深圳打工。流水线上的工作不好做，起早贪黑，加班是家常便饭。"苦点累点我不怕，但没有技术，只能干最脏最基础的活儿。"两年，日复一日的枯燥生活没能磨平石玉莲胸中那颗努力求变的心，19 岁时，她仍在懵懵懂懂间寻找着自己的方向。"当我表哥建议我们回乡养蛇卖蛇自己创业的时候，我想都没想就回到了峡江，带着弟弟，说干就干！"

选择养蛇，一方面是当时广州餐饮界吃蛇成风，满眼看到的都是机会；另一方面是石玉莲家里有祖传的治疗蛇毒的秘方，心里没有恐惧。但现实总会给这样的"小天真"当头一棒。当时，人人都觉得养蛇能挣钱，一窝蜂扎进这个行业，市场乱糟糟，有人在卖蛇前给蛇喂老鼠增重，让石玉莲踩了不少坑。"我的胆子是真大啊，不懂什么是市场调研啊，也没有系统学习过养殖技术，就觉得不就是把小蛇养大吗，那还不容易？"石玉莲苦笑着回忆。摸索了足足两年，连给幼蛇喂食的正确方法都没掌握。

创业初体验以惨败告终，不过命运用另一种方式弥补了她——石玉莲找到了可以相互扶持的爱人，结了婚，和丈夫一起在镇上开了家批发商店，生意还算红火。这下，总能安安生生过日子了吧？

"不，我认真分析了养蛇失败的原因，总觉得不甘心。转念一想，家里不是有现成的祖传秘方吗，蛇不好养，那就办个蛇酒厂，既能赚钱，还能造福百姓。"2002年，她又一次拉上弟弟和一位朋友，风风火火合办了一家酒厂。起初，一切都是按她的设想发展的，订单不少，口碑不错，谁料到好日子才刚冒了个头，合伙出资的朋友突然离世，紧接着又遭遇非典，酒厂举步维艰，实在撑不住，只得宣告失败。钱没挣到，还背上了10多万元外债。

忍着心中的焦灼，石玉莲另寻出路。不服输的她跑到金平华侨农场南下分场，承租了40多亩荒地。地是有了，干什么呢？她的考量方式很简单："那个时候脑子里只有一个念头——把钱还上，什么能挣钱我就干什么。"

严寒酷暑，没日没夜，石玉莲恨不得扎在农场里。那段时间，她每天只能睡四五个小时，开荒种果树、种药材、养鸡、养猪，还见缝插针种了芝麻、大豆和花生，希望发挥土地最大价值。

拼了命的勤奋并没有换来相应的收获。养猪，遇上瘟病，又赶上猪肉价格下跌，损失惨重，亏了两三万元；养鸡，遇上禽流感，眼睁睁看着它们全部死光；种药材枳壳，遇上倒春寒，一场春雪，让田里的苗全军覆没；种竹荪，菌丝接种技术难关过不去，石玉莲无奈地说："别人亩产300斤，我亩产只有60斤"；种下的经济作物，耗费了无数的心血汗水，好不容易等到了大丰收，但售价上不去，远远满足不了还清外债的需求……

最戏剧化的是种吴茱萸。这种药材本来售价很高，石玉莲觉得是个很好的赚钱机会，没想到，瞄准这个好机会的不止她一个，一

时间吴茱萸成了种植户眼中的香饽饽，到了收获季，供大于求，价格跌了一半，她还是咬牙挺着。可是后来赶上峡江县工业园区扩建，她承租的土地被收回，长久的坚持成了竹篮打水一场空。而老天似乎也在跟她开玩笑，第二年，吴茱萸的价格突然飙升，幼苗从五毛钱一株，涨到 15 元一株，药材更是从当初的几元钱一斤，飞涨到两三百元！怎不让人感慨一句：时也，运也，命也！

难道，真要"认命"吗？石玉莲不这么想："认什么命？一屁股债逼着你呢，根本停不下来。哭有什么用？还不是擦干眼泪继续干，继续熬。"为了还债，丈夫外出打工，她一个人带着一双儿女努力生活。丈夫每月工资三四千元，除去自己基本生活所需，其余全部寄回家，大部分用来还债，小部分留作家用，但似乎陷入了一个恶性循环——债还不完，日子也过不好。石玉莲迷茫了："我就想不明白了，我们夫妻俩有手有脚勤快努力，也不比别人蠢，怎么什么都干不成呢？"

"农民上大学，不是为了混文凭！"

"破局"的密码伴随一纸通知悄然而至。2011 年 9 月，江西省着手推进"一村一名大学生工程"，提出"从 2012 年起，每年培养6000 名左右农民大学生"。听到这个消息，石玉莲心头尘封 20 年的大学梦再次萌芽，可是，自己快 40 岁了，上有老下有小，花销不小、琐事不少，真的可以心无旁骛回到校园里吗？

在江西，"一村一名大学生工程"的学员学费，由财政全额承担，是一项重要的惠农政策。"那还不拼一把？"石玉莲决定再搏一

◆ 石玉莲在田里检查作物生长情况

次。她找人借来课本，重新寻找当学生的感觉。但干惯了农活的手，再想拿笔，谈何容易？三更灯火五更鸡，她挤出一切时间复习备考，参加了2012年度全国成人高考。结果令她无比振奋：当年，峡江县一共有17名学员通过考核被录取，而她，考了第一名！

重返校园，石玉莲看什么都新鲜。"我们当时要在校集中授课3个月，我的同学有的比我小十几岁，还有提着笔记本电脑、穿着西装来上课的。我当时想，这哪像农民的样子啊？"但很快她就发现，大家都是带着实践中遇到的问题来的。石玉莲把孩子们托付给妹妹照顾，自己则全身心地投入学习中，除了上自己的专业课，还到处"蹭课"，发现问题就"抓"着老师请教。整整3个月，她恨不得把每一秒掰成两半用，上课认认真真做笔记舍不得遗漏一点点。她很享受这样的忙碌："我是来学真本事的，我以前失败了那么多次，赔的都是真金白银，每次都是凭感觉做事。来到学校开了眼界，才知道大错特错！"

经过系统学习，石玉莲终于得以在科学的框架中，复盘过往。规划、管理、成本核算……这些曾经觉得与自己毫无关系的名词，其实就藏着她一直寻觅的答案。这么多年，她一直铭记恩师的话："农业难干，所以要更有方法，不能蛮干。"

在学校里，热情爽朗的石玉莲也交到了很多好朋友。"一村一名大学生工程"的学员，普遍年龄偏大、文化底子薄弱，但优势在于实践经验非常丰富。课余，他们凑在一起聊自己做过的尝试，也坦诚地分析自己走过的弯路。一个同学对石玉莲说："你干了这么多年农业，连农业局的大门往哪儿开都不知道……你爱张罗，做事情也利索，要不，你试试种水稻？试试合作社？"

"我来上大学，不就是希望学到可以带回家实际应用的东西嘛！"石玉莲想到在学校的种植实践基地看到的那些见所未见的新科技，又想到家乡的好山好水，不服输的冲劲儿又上来了。"对啊，国家现在这么支持农业，谁说种田不是好出路呢！"但要想说服乡亲们"合作"，自己要先有拿得出手的成绩。2013 年暑假，她把在学校里学到的"水稻直播栽培"技术带回了家，几亩荒田，成了她人生的新起点。

"科技兴农的甜头，我是尝到了！"

所谓"水稻直播栽培"，就是预先将水稻种子催芽露白，跳过翻地、犁地的环节，直接播种，这样就省去了育苗和大田移栽过程，降低了劳动强度，节省了大量人工，提高了劳动生产率。试验起步时，乡亲们大多作壁上观，少不了冷言冷语。石玉莲顾不得这些，她一心扑在试验田中，仔细观察、记录，遇到问题马上请教老师和前辈，及时调整方案……课堂上学到的知识，在实践中变得立体起来，当年10月，她的试验田终于迎来了收获时刻，乡亲们都被请来作见证——1180斤！这个平均亩产量令在场所有人惊叹不已。荒田丰产，比起用传统方式种植，竟然高出15%。最难能可贵的是，技术的更新大大节约了人力成本，"以往我们按照育秧、插秧的老方法，插一亩田，要耗费一个人一整天的力气，学了这个技术，10分钟就能完成！"石玉莲的兴奋溢于言表。

久违的成功，唤醒了石玉莲那颗爱折腾的心，她终于找到了曾经屡战屡败的症结。老师的话回响在耳边："你们来自农家，对土地有热爱，有情怀，吃苦耐劳，这些都是优点。但时代在进步，老方法行不通了，唯有求新求变，才能找到更好的出路。"在峡江，出门闯荡是村里年轻人的首选，漫步田间，忙于耕种的大多是老人和妇女，他们没有机会接触新科技，只能怀着最朴素的心，依循代代相传的方法，接受着付出与收获不成比例的现实，石玉莲觉得，科技种田就是最适合这片土地的出路。她打算扩大种植规模，招揽更多村民一起干！

第一关，就是"信任关"。家里人率先表示了担忧：种田有出息吗？能发财吗？祖祖辈辈种田，你能有什么不一样？折腾出这么大的动静，会不会又打了水漂？石玉莲亮出了自己的思路，从技术讲到管理，从品控讲到销售，终于给家人吃下了定心丸。"我爸爸对我说，放手去干，无论结果怎么样都别害怕，回家来，永远有你的饭吃！"

背靠坚实的"安全堡垒"，石玉莲觉得此时此刻的自己敢于直

◆ 石玉莲与乡亲们一起收获成熟的蔬菜

面任何风险。她亲自当说客，挨家挨户登门拜访，可是乡亲们对于新鲜事物还是有些忐忑，"再看看"是她得到最多的回复。于是，她从自家亲戚入手，用成绩和诚意换来了第一批 74 户村民的信任和支持，成立了金坪民族乡优质水稻专业合作社。眼前的一切都是新鲜的，说是摸着石头过河一点不为过。但是石玉莲比以往任何时候都有底气，心中有方向，眼前有希望，她把全部精力投入合作社的生产中，不但亲自为农户作全程技术指导，还出钱出力，买种子、谈采购、找资源。她自掏腰包买的自动催芽机，村民们可以免费使用；谁家缺化肥农药，她主动垫钱买来，还负责运到田间地头……在她的带动下，合作社的所有农户都积极拥抱新技术：水稻科学施药、测土配方施肥、三控施肥、免耕直播……这些新名词带来了每亩增收 300 元的直接效益，也成了村民们关注和讨论的热点。

"我是以科技为支撑的新农民"

2018 年，一纸证书飘然而至，石玉莲入选"全国百名杰出新型职业农民"名单，这不仅意味着国家的认可，还可以获得项目资助和更多学习机会。年底，她来到北京，走进农业农村部，参加专项研修班。她激动地说："从没想过，有一天，我一个普通农妇竟然能来到这里。"而这个新头衔也让她重新思考"新型职业农民"的定义。石玉莲笑着说："我以前觉得自己不过就是个勤勤恳恳的种田人，怎么就成了科技工作者啦？"

是啊，谁说科研一定要穿着白大褂、扎根实验室？广阔天地，可画最美的蓝图。农业，不能只"埋头苦干"，更要学会"抬头看天"。石玉莲深知，当年创业失败，最大的雷区就是"有勇无谋"，走了很多弯路。如今，不断学习支撑着自己一路前行，谋定而动，让她成了"懂技术、懂管理、懂经营、懂市场、懂政策"的新型职业农民。

"我特别感谢'一村一名大学生工程'。普通大学生是先学理论后实践，而我们则是边学理论边实践，学到手就能用得上，所以劲头特别足！"石玉莲常说自己是"被知识改变了命运的幸运儿"，至今，她还记得学成归来，初次采用水稻直播技术创造的奇迹："我一个人一天可以种 30 亩，我老公更厉害，可以种 50 亩。"村里种了一辈子田的老农民，都对这样惊人的速度啧啧称奇，而这，仅仅是一个开始。试验田实现荒田丰产的第二年，石玉莲坚定地选择扩大规模，在吉水县承包了 200 多亩地，从此，大型拖拉机、农用运输车、

插秧机、旋耕机、植保喷雾器等"好帮手"陆续出现在乡亲们的视野中。

2018 年，石玉莲接触到了无人机。"以前，我们打农药，需要自己背着药水桶、牵着管子去田里走一遍，农药打完，喷药的人也全身都是药水，等于是在'喝'农药。效率低，还不健康。我们县植保站的站长就建议我，可以试试无人机。"但当时的无人机还需要用手操控，石玉莲买了设备却不会用、不敢用。直到 2017 年，智能无人机登场，不但操作便捷，而且可以自主设定航线。"黑科技"终于成了她的好帮手。回想学习操控无人机的经历，石玉莲激励自己：世上无难事，只怕有心人。"说到底它不就是个工具吗？工具造出来就是被人用的！"她虚心求教潜心学习，通过前期大量案头工作，让自己心中有数，接下来，只用了一天时间实操，她就掌握了无人机播洒农药的操作方法，甚至能同时操控两架无人机，成了县里第一个无人机女飞手。无人机旋翼轰鸣，掠过充满希望的田野，石玉莲既紧张又欣喜："就像是刚考到驾照独自开车上路的心情，成就感十足。这和年纪、性别、职业、学历都没关系，只要你够用心，有啥学不会的？"石玉莲笑呵呵地讲起自己当年学骑电动车的经历："别人还在担心行不行，我一拧车把就冲出去了，没骑多远就栽倒在地上，那有啥，爬起来继续呗，胆大心细多练习，人还能被工具拿捏住？"

"硬件"配齐，"软件"也得跟上！石玉莲不仅精心种植水稻，还种脆柿、西瓜、甘蔗、猕猴桃，还办了养鸡场……土地还是从前的土地，创造的价值却增加了不少。十里八乡的农户听说了这个消息，纷纷来"求取真经"，她从不藏着掖着，免费开办知识讲座，把自己的经验、教训摆到桌面上，事无巨细讲得清清楚楚。从江西农业大学毕业 10 年后，她成了母校聘请的"农民导师"，还成立了"石玉莲乡土人才工作室"，毫无保留地分享自己的创业故事，手把手传帮带。跟随她学习的姚春海也是科技兴农的受益者，2018 年，他进入江西农业大学农林经济管理专业，跟着石玉莲学会了水稻直播技术，又学会了操控无人机，他说："过去人工插秧，顶着日头踩着水，一个人忙活一天插不了一亩地，如今无人机智能规划路线，一天能直播 300 亩。"

自从找到"学习"这个"解题思路"，石玉莲的视野越来越宽、路也越走越广。玩得转新农具，搞得定直播带货，经营管理也不在话下。在她的带领下，乡亲们走上了科技种田的致富路，久而久之，便得了一个"农民一姐"的美称。

◆石玉莲学到农业种植技术，实践机械化作业

"我和院士有个约定"

"农民一姐"扎根土地，眼界却越来越开阔。她与中国工程院院士、植物病理学家朱有勇之间，还有个跨越山水的约定。而这个故事，要从党的二十大讲起……

2022年，石玉莲当选党的二十大代表，成为唯一走上代表通道的农民代表，在这里，她第一次见到了朱有勇院士。至今，石玉莲还清楚地记得自己当时的激动之情："我是吃过苦、受过累、跌过跟头的人，种田有多难，我最清楚，我一直在寻找一种让种植水稻的过程变得更加简单、省力、节约成本的新技术，而院士讲的，就是我需要的，我一听眼睛就亮了。"

朱有勇院士讲到的，是他的团队成功研发的"水稻旱作技术"，因为解决了一些"卡脖子"的技术难题，可以让杂交水稻实现"雨养旱种"。也就是说，种植过程省去了泡田、育秧插秧等环节，甚至基本不需要浇水，水稻依然能实现理想的产量。石玉莲兴奋极了，她向朱院士"冒昧"地提出了自己的请求："您能不能来江西，指导我们使用水稻旱作技术？"朱有勇非常爽快地答应了。

当梦想遇到行动派，就会碰撞出巨大的火花。次年2月，朱有勇院士团队的9名农业专家来到石玉莲的工作室，实地考察当地的气候、土壤条件，展开了翔实的调研，并和石玉莲约定，请她试种一批旱地水稻。很快，首批3个品种的试验种，从昆明和沈阳抵达峡江，这些品质好、产量高、抗旱能力极强的种子，凝聚着院士团队的多年心血。石玉莲觉得，手里的种子沉甸甸的，她马上按照水稻旱作的方式开始试验。"真是大开眼界！育秧、移栽、泡田都省掉了，可以直接种在旱田里，地都不用太平，甚至有一些坡度都没问题……种了这么多年水稻，这种方法，我可从来没见过。"新技术带来的无限希望，让石玉莲充满了斗志，她全身心扑在田间，把稻田的每一处细微变化汇报给专家团队，按照他们的指导，及时解决遇到的新问题。

6月中旬，石玉莲收到了第二批 5 个品种的旱地水稻种子，试验田继续扩大，朱有勇也亲自带着专家团队，来到了峡江。没有客套寒暄，也顾不上休息，一行人直奔稻田。"我记得朱院士穿着皮鞋就一脚下到田里去了，一点架子都没有。我就是个种田的农村妇女，怎么也想不到，会和院士做同一件事。"石玉莲感动不已，"我记得在人民大会堂听总书记作二十大报告的时候，他说到农村要优先发展，要确保中国人的饭碗牢牢端在自己的手中，话音还没落，现场就爆发出响亮、长久的掌声。这次朱院士来我们村，他说试验田看上去情况很好，也没有病虫害，产量应该不算低——就是给我们吃下定心丸了。"

依靠科技，把天拉长、把地拉宽——这是朱有勇院士送给石玉莲的定心丸。水稻旱作技术和江西的气候资源优势强强联合，不但能够降低生产成本，还可以节约水资源。石玉莲说："我在试验田蹲了几个月，发现用上这个技术，每亩地的成本可以节省几百元，而且品种也更强壮，更能应对频繁发生的极端天气。未来，我们的目标是亩产量超过 1 吨。"有了主心骨，她的信心如同生机盎然的稻田一般，茁壮成长。

"好政策送来真金白银"

石玉莲有个随身携带的小本本。作为合作社的"石总",她的本本里记录着水稻的长势、果园的难题、农户的需求;作为南下村的"石书记",她的本本里记录着每个家庭的困难、群众反映的诉求、需要帮助的事项;作为村妇联的"石主席",她的本本里记录着村里的孤寡老人、留守儿童、困境妇女;而作为乡亲们信赖的二十大代表,"石大姐"的本本里记录着乡村的新变化、暴露的新问题和百姓最想说的心声,从北京开会归来,她的本本里又记满了党的二十大报告传达的新思想、好政策。"我一边开会,一边惦记着家里的 5000 亩水稻田,一边急着把党和国家的声音告诉大家,真是一秒都舍不得浪费。"石玉莲笑着说。

"石书记回来了!"才踏上田埂,就听见一阵欢呼,原来,南下村的村民早就候在这里了。石玉莲翻开小本本,从全面推进乡村振兴,讲到发展乡村特色产业;从拓宽农民致富渠道,讲到全方位夯实粮食安全根基……当她说到党的二十大报告提出,要"牢牢守住十八亿亩耕地红线"时,现场掌声雷动——这些长年累月与土地血脉相连的人,最懂这句话的分量,他们亲身参与、亲眼见证了农业的变化,更切身感受到发展带来的时代红利,"红线"就是他们的生命线。"我们农民最关心的就是自己的土地和粮食,石书记经常说,手里有粮、心里不慌,如今听到这么多好政策,我们就更有盼头了。"村民们的喜悦溢于言表。

有了方向,更要有方法。石玉莲说,自己就是最好的"参照系"。无论是当年的失败，还是后来的成绩，村民们都有目共睹。"我人生最重要的转折点就是参加了'一村一名大学生工程'的学习，如果没有国家对农业人才的扶持政策，后面的事，我连想都不敢想。"她用自己的故事激励村民放下无谓的纠结，积极拥抱一切学习和改变的机会。如今，"一村一名大学生工程"已经升级为"乡村振兴人才培养计划"，石玉莲的母校江西农业大学，也不断更新学制，调整教学内容，提出要做到"干什么学什么，需什么教什么"，才能真正把"真经念好"，让更多农民迅速成长为"新农人"。石玉莲说："只要大家努力，都有机会成为乡土人才。农村人才多了，还愁不能振兴吗？"

"石书记，咱们农民文化水平不高，上学太难了吧？"村民们也有担忧。"难，的确难。但世上无难事只怕有心人。"石玉莲讲起自己当年险些不及格的教训："那是'新农村建设专题'这门课，我当时对它不够重视，反映到作业上，就是连续几次不理想。我是又熬夜复习，又找老师补课，好不容易跌跌撞撞才及了格。"近 10 年来，江西农业大学实施严进严出政策，针对"一村一名大学生工程"学员的测试，保持着 5% 左右的不合格率，卡住了 600 多名不能在规定时间内完成学业的学员。石玉莲跟乡亲们分享着自己的心得："咱们现在学的东西，都是能马上见实效的，既然国家都把这么好的老师、课程送到门口了，当然要努力学好学精，偷奸耍滑混日子可不行！"

"学到了知识，还得有钱啊！买种子、买设备、买农药化肥……到处都需要花钱。"村民们还是有顾虑。"国家拿出了真金白银支持农业发展，谁多种粮食，就优先支持谁。"石玉莲把党和国家的声音带回家乡，也用自己的亲身经历，证明了这句话绝非空喊口号。早

在她初次尝试"水稻直播技术"，初尝成功滋味，准备扩大规模的时候，就是试点先行的"财政惠农信贷通"政策送来了30万元贷款，为她解了燃眉之急。创业初期，当地银行也为她提供助农贷款，这才让她有机会带领乡亲们发家致富。资金的注入，如同一泓活水，在繁茂的田间，激荡出绚烂春色。

"18亿亩耕地红线，是我们中国确保粮食自给自足的重要举措。我们每一个种田的人，都在努力为这件头等大事做贡献。"石玉莲的话，让村民们骄傲地挺起胸膛。"我们积极学习，不断进步，不只是为了让自己过上更富裕美满的生活，更是实打实地在提高耕地的产出价值。""对啊，咱们现在都是'新型职业农民'了。"大家哈哈大笑。

"劳动就是最好的教育"

听过石玉莲故事的人总有一个疑问："你的胆子怎么这么大？什么都敢折腾，再难的路都敢走？"石玉莲觉得，这份胆气，很大程度归功于她的父母。父亲深沉聪明，母亲宽厚包容，他们用不同的方式爱着自己的小家庭，鼓励孩子们自己作决定，支持他们放手拼搏。"我爸爸小时候学习成绩就很好，当过老师，没有教具就自己动手做。"石玉莲还记得父亲亲手做过一个"三球仪"：地球、月亮围绕着灯泡做成的太阳转动——你看，人哪能被条件憋死？"干吗没精打采的？临死还能蹦三蹦。"老父亲的口头禅，话糙理不糙，或许，在后来无数次身陷绝境的时刻，正是这种积极面对一切的态度，潜移默化"拉"着石玉莲不断向上，她说："做了未必有好结果，但不做肯定什么都得不到。苦尽才能甘来，没有什么捷径，都是熬过来的。"

可是，太苦了，熬不住怎么办？一次，石玉莲受邀作报告，一位身家数亿的老板忍不住这样问。"熬，这个词本来就注定很苦。"她感慨万千："可是你心里那点心气儿不能散。"一路走来，支持着她的信念，有时是"一定要把钱还给人家"，有时是"为了两个孩子说啥都得再拼一把"，当了村干部、成立了合作社，就成了"不能辜负乡亲们的信任"。心气不散，人就不会被困难压垮。勤奋、执着、善良、勇敢……这些为人的"底色"，来自父母的言传身教，更来自实际生活中的一次次磨炼。

"人不是只为自己活着的，我们有脑子、有责任，没有理由在本该奋斗的年纪躺平。"石玉莲始终秉持着自己的价值观，勤俭生活让人心安，脚踏实地带来收获，努力学习才能看到更大的世界。她的一双子女也继承了这样的品质："我记得我女儿才上小学二年级时，就能在农忙时节给我们做饭洗衣服了。"石玉莲很自豪。蹚过了人生的泥沼，今天的她有资格用"过来人"的智慧与年轻人交流，在她看来，很多问题的根源，都在于"想得太多，做得太少"，与其徘徊迷茫，不如去解决面前摆着的问题，去创造实际的价值。把人扔到田里，去看种子扎根、稻子成长，去直接面对烈日暴雨的考验，去和天抢时间，去钻研那些不解决就会影响产量的问题，谁还有时间伤春悲秋？其实，事情解决了，情绪自然就顺了，石玉莲爽朗一笑："劳动就是最好的教育，这话一点都没错。"

当被问到"孩子们会回来接你的班吗"，她哈哈笑着说："儿子说亲眼看着我们这么辛苦，他要再考虑考虑……"话虽如此，但石玉莲的儿子还是选择了农业相关专业，每天扎在实验室里，跟着教

授潜心学习，看到新的科研成果，还会主动给妈妈打电话交流。未来的田野，注定要交到更年轻、更有知识的一辈人手中，也注定会画出更美的图卷。未来会怎样，谁也说不好，那就拭目以待吧。

2019 年，石玉莲家庭获评第二届全国幸福家庭称号，她自己更是荣誉等身：全国三八红旗手标兵、全国农业劳动模范、全国百名杰出新型职业农民……石玉莲心里有些不安："我做得太少，得到的却太多，我只是尽了自己的本分。"

"本分"，说来容易，做来却需要耗尽半生心力。本，是根源；分，是职责。回归土地、扎根土地、改造土地，石玉莲用勤劳和坚持、突破和创新，书写了一部属于新时代农民的奋斗史诗。从屡败屡战的创业者到科技兴农的领路人，她的人生轨迹犹如她所耕种的稻田，经历了冬的沉寂、春的播种、夏的耕耘，终于迎来了秋的丰收。

30 年，一个人改变了自己的命运，一方水土，天翻地覆。石玉莲的故事在峡江的土地上静静流淌，与千千万万"新型职业农民"的故事汇聚成乡村振兴磅礴的春意。这是最好的时代。梦想不会被轻视，追求不会被嘲笑，行动不会被辜负，在希望的田野上，"石玉莲们"正创造和期待着属于自己的一个又一个"丰收之年"。

▣ 记者手记

从屡败屡战到科技破局

屡败屡战，凭的是坚韧不拔；屡战屡败，则暗示着需要改变策略和方法。这两个词，都可以用来形容石玉莲。从"苦熬"到"逆袭"，她的"秘籍"不仅是改变她个人命运的转折点，也是中国亿万新农民正在探索的新出路。

面朝黄土背朝天是习以为常的"理所应当"。生长在农村的石玉莲，见证父辈的勤勤恳恳，继承了他们的韧劲和"牛脾气"。从职高毕业，到南下打工，她逐渐踏入了时代发展的洪流，养过蛇、酿过酒、种果树、种药材、种竹荪、养鸡养猪……什么都试过，却没有一样真的赚到钱。"干啥啥不行，就会瞎折腾"的背后是道不尽的心酸。

再回首，我依然能在采访时听到石玉莲语气中的深深落寞。而这，不只是她一个人的"劫难"，也是千千万万中国农民在转型期经历的迷茫和困境。他们肯吃苦、能出力，眼看着别人发家致富，忙不迭"抄作业"，却总落得个竹篮打水一场空，日复一日年复一年的忙碌，结果债越滚越多，日子越过越苦。用石玉莲的话说："我就想不明白了，我们夫妻俩有手有脚也不比别人笨，怎么什么都干不成呢？"

打破这个恶性循环的关键，是学习。2011 年，江西省着手推进"一村一名大学生工程"，给了农民梦寐以求的机会。当年已经年近四十的石玉莲，带着实践中遇到的问题走进校门，从零开始适应着"学生"这个新身份。如今，人们爱说终身学习，但这个词总是下意识地指向所谓"高知""精英"人群，殊不知，田野中也有求知若渴的心，地还是那块地，但种地的人，早已日新月异。

采访中，石玉莲自豪地展示了自己农场中各种科技与农业的完美结晶：无人机在天空中翱翔，自动催芽机在地面上忙碌……不仅

提高了效率，还大大降低了成本。她兴奋地回忆自己的水稻试验田第一次迎来丰收时刻的场面：乡亲们都被请来作见证，1180斤的亩产量，比传统方式种植的良田高出15%！从那一次起，"屡战屡败"的石玉莲转身成为科技种田的"代言人"，她把从老师那里学到的心得分享给乡亲们："如果只是怀着朴素的心，依循代代相传的方法种田，就只能接受付出与收获不成比例的现实，但新科技可以改变这个现状！"

逆袭，已经足够吸引人，但石玉莲的故事还不止于此，在乡村振兴的大背景下，她的成功，可以复制。对于观望中的乡亲们来说，这无异于一针"强心剂"，让大家有机会找到过往失败的症结，从"盲目跟风"中脱身，潜心学习，用科技指引方向。

在石玉莲的身上，我看到了新时代农民的形象。他们不再是传统意义上"靠天吃饭"的劳动者，而是掌握了现代科技、管理知识和市场信息的现代农业经营者。作为记者，我们有责任记录和传播这些面向未来的故事，因为，这不仅是某个人的胜利，更是中国农业发展的一个缩影。在这个最好的时代，有梦想、有追求、有行动的人，都将收获属于自己的成功与幸福。

芳华 映照奋斗美 | **2024** 最美巾帼奋斗者故事汇

———— 人物小传 ————

刘菊妍

　　广州医药集团有限公司副总经理兼总工程师，中药制药过程技术与新药创制国家工程研究中心主任。教授级高工、博士生导师，享受国务院政府特殊津贴专家。国家药典委员会委员、国家科技进步奖评审专家、科技部重大专项评审专家，中华中医药学会理事。获评全国三八红旗手标兵、最美巾帼奋斗者等。

　　自 2001 年投身中医药现代化建设，刘菊妍带领团队成员，在中医药现代化的道路上不断"升级打怪"，实现中药现代提取分离技术产业化从"0"到"1"的突破，破解行业发展中"卡脖子"技术难题，成为我国中医药现代化道路上的实践者。

刘菊妍：挖宝中医药打造世界 500 强企业

姜丽丽　王　悦

36 岁从中医临床转攻中药研发，打通科研成果从实验室到生产线的"最后一公里"，助力中医药 IP"出海"，打造科研军团助力广药集团登上《财富》世界 500 强榜单……2024 年，60 岁的刘菊妍说自己是一个挖宝人，从中医药的宝山挖出了不少宝贝。她如何成功挖宝？"纯中医"如何跨界转型"做科研"？又是怎样找到挖宝方法的呢？

"倔丫头"求学，乘风破浪

"老师，这道题您算错了！"小学三年级的课堂上，无所顾忌地，9 岁的刘菊妍大胆站起来，用清脆稚嫩的童音指出了数学老师的计算失误。谁承想，这个小时候天不怕地不怕的女孩，多年后竟然成为我国第十三届发明创业奖人物奖特等奖获得者、全国三八红旗手标兵、中医药现代化的先行者。

1964 年，刘菊妍出生于江苏盐城。生长在浪花翻滚的海滨城市，她生来就有一股"闯劲"，喜欢挑战新事物，挑战自己。

刘菊妍与中医药结缘，始于 20 世纪 70 年代。正读初中的刘菊妍突然得了急性黄疸肝炎，去生产队的卫生院看病。没想到，赤脚医生没开西药，而是把她带到水田边上。

"我现在还清楚地记得，赤脚医生在水田里找到一根农村很常见的毛茛，让家人捣烂后把药汁贴到我的左手内关穴，说 3 天之内可能会长大水疱，水疱吸收后就好了。"她一边说，一边指着自己的左手手腕。

"果不其然，3 天时间，我的内关穴长了一个鸡蛋大小的水疱，后来水疱一天天变小，黄疸没几天竟然消退了！"毫不起眼的小小野草竟能把黄疸肝炎治好，中医药的神奇给刘菊妍留下了深刻印象。

但意外的是，由于高考前不巧发烧等因素，她竟然连续两次高考都榜上无名，很是郁闷。

第二次高考失利的那个夏天，有一天，她和弟弟妹妹们坐在树下乘凉，因为琐事拌起嘴来。父亲看到这一幕，没好气地说："家里的地被你爷爷种完了，书都被我读完了。"话里话外讽刺着高考失利的她。

"听了父亲这句话，我心里特别不服气，倔脾气一上来，心里暗下决心，一定要超过我父亲！"

刘菊妍家中兄妹四人，排行老大还调皮捣蛋，她从小没少挨批。"打得太疼我就跑掉了，但是无论打得多疼，我宁愿被打也从不求饶。"这个"倔丫头"的倔劲儿藏在骨子里。1982 年，她如愿考入南京中医学院。

20 世纪 70 年代，县里招兵，姑姑从激烈竞争中脱颖而出，成了县里唯一的一名女兵。看到姑姑身穿军装英姿飒爽的样子，1990 年大学毕业后，刘菊妍报名参军，成了中国人民解放军第一军医大学的一名教员，实现了自己的军人梦，并继续攻读硕士研究生。在那里，刘菊妍一边教一边学，积累了丰富的中医临床经验。

随着学历的逐渐提升，她意识到自身知识储备不足，读研期间，她立志攻读博士学位。带着那股挑战自己的拼劲，刘菊妍决定在中医药领域继续深造。

只是，年轻的她没想到，原本只需读 3 年的研究生，因种种原因竟变成了 6 年的征程。第一年申请报考博士，她求而未得；第二年她考上了北京中医药大学，但依旧没有获准入学。

"那 3 年，简直是我人生的至暗时刻，好像看不到希望，别人读博 3 年已经毕业了，而我却还没考上博。" 3 年里，刘菊妍一宿一宿地睡不着觉，还得了心律不齐的毛病。即便如此，她还是一如既往地执拗，只要是自己认定的事，再难也要做到。终于，熬过了 1000 多个日夜，苦尽甘来，刘菊妍考入了南京中医学院读博，师从首届"国医大师"周仲瑛。

读博期间，刘菊妍经常跟随周仲瑛出诊。周老看病总是详察病情，对疑难病患者的诊疗时间常常超过半小时，在反复揣摩、斟酌之后，方才仔细开方。在药材选择上，如果有两味药疗效相似但价格相差较大时，周老总会先问患者，"你家里经济条件怎么样？"再根据患者的具体情况选用药材，周老处处为病人着想的医德医风，深深地影响了刘菊妍的职业生涯。

临诊中，周老治好为官者、经商者的疑难杂症不计其数，每当

对方问及"您家里有没有什么困难需要帮忙解决"时，周老总是笑着说："谢谢关心，一切都好。"实际上，周老有个孩子相当长时间没有找到合适的工作。一天，刘菊妍带了一个朋友找周老看病，朋友以为周老大名鼎鼎，家里房子应该不小，没想到去了才惊讶地发现，只是寻常小区的普通住宅，一家六口满满当当。

每每跟随周老出诊、抄方，刘菊妍在潜移默化中越来越意识到，救死扶伤、淡泊名利既是医者的初心，也是医者的本分。

博士毕业后，天生"爱折腾"的刘菊妍并没有追求平稳的生活，而是作了一个大胆的决定，在36岁这一年跳出了"舒适圈"，加入广药集团，从中医临床跨专业转攻中药研发。

21世纪初，我国中医药现代化事业尚处于发轫阶段，各大制药企业尚在"摸着石头过河"。在中医路上汲汲探索了19年的刘菊妍发现，需要熬煮的中药已经越来越不适应现代人快节奏的生活方式，中药产业的发展恰恰需要与时代同频共振，她敏锐地发现了大家对于中医药现代化的迫切需求。于是，刘菊妍成为广药集团下属企业广州汉方现代中药研究开发有限公司首任董事、总经理。

36岁前，主要研究中医，36岁后，转型探索中医药现代化，但是，中医药现代化不仅需要丰富的中医药理论知识积累和临床经验沉淀，而且需要结合化学、生物、制药工程等现代科学技术手段，跨度不可谓不大，转型的底气来自哪里？

彼时，国家发展改革委要在中医药领域设立国家工程研究中心。2002年前后，广药集团致力于中医药现代化建设，大手笔地投入了1亿元资金，中药提取分离过程现代化国家工程研究中心（以下简称"国家工程研究中心"）尚在申报阶段。

"我的底气来自于中医药宝库，历代医家经方验方难计其数，现代《中医方剂大辞典》就载有方剂9.6万余首，我带着实验室技术团队搞科研，就像用现代科技手段这把锄头，去挖中医药这一大宝山、富矿，那么多首汇聚历代中医名家临床智慧的古方验方，我相信一定能挖出宝贝来！"刘菊妍自信地说。

以中医思维做科技公司管理，是正解

然而，挖宝的过程困难重重。"当时厂房是废弃的，草丛里有蛇，树上还有密密麻麻的蜂窝。"刘菊妍一边感慨，一边带着记者参观国家工程研究中心。路过中心附近一处院墙时，她指着一株株绿意盎然、比院墙还高的野草说："那时候，我们厂房里的草比人都高，还请了当地100多位农民来清理杂草。"

◆ 刘菊妍与团队

"建设初期很缺人，集团在人才和科研创新方面都还处于空白阶段，许多事情都需要我们亲力亲为。"纵使环境艰苦，刘菊妍仍带领着团队，一砖一瓦、从无到有构筑了国家工程研究中心，仅用 23 天就将两栋废弃厂房装修一新，仅用一年打造出了一套行业领先的中药提取分离纯化设备。

2003 年，由国家发展改革委组织的国内顶级专家组来中心现场考察，刘菊妍他们的前期工作基础和未来发展规划获得了专家组的高度评价。"当时，同仁堂、扬子江、江中制药等 8 家单位同时申报，广药集团总分排名第一，因此获得了国家工程研究中心建设的批复。"

国家工程研究中心获批后，刘菊妍马不停蹄地推进新药开发、工厂建设、人才引进、团队建设等工作，国家工程研究中心也从蓝图一点点变为现实。他们成功开发出了超临界二氧化碳反向萃取—低温溶剂提取—吸附分离—纳滤浓缩—冷冻干燥及逆流提取—大孔树脂吸附分离—喷雾干燥等集成技术，并在医药工业中推广应用。而以灵芝孢子油、蛋黄卵磷脂等为代表的一批高科技含量的创新产品，也取得了显著的社会效益和经济效益……

2005 年，凭借出色的业绩和能力，刘菊妍升任广药集团总工程师、博士后工作站负责人。"入职广药集团高管后，我面临着全新的挑战，但我这个人最不怕的就是挑战和困难。"这一次，刘菊妍又带领广药集团科研团队在新产品创制、上市后大品种培育、科技创新体系建设等方面走在行业前列，为广药集团筑强科技创新 DNA。

"作为一家以中医药为主业、拥有 10 家百年老字号中药企业的集团，传承前提下的科技创新，就是我们的中心工作。没有科技支撑，企业如同无根之萍，只能随风飘浮。"从管理一家公司到负责拥有 30 多家子公司的广药集团的整个科研工作，刘菊妍始终把建立具有自身特色的科技创新体系当作集团发展的重点。"那么大的集团，一定要形成体系化的管理，把国家相关政策和法律法规吃透后，根据企业实际发展需要，形成企业科技管理目标任务并进行体系化的管控。"

在多年的科研管理工作中，刘菊妍悟出了一套颇具"中医思维"特色的管理方法。刘菊妍介绍，方剂配伍中，有"君臣佐使"的用药调配：针对主病或主证起主要治疗作用的药物为"君"；辅助、加强治疗作用的药物为"臣"；协助君、臣药物加强治疗作用、治疗兼症或消除主药副作用，或佐制，或反佐的药物为"佐"；引药直达病所或起调和诸药作用的药物为"使"。如此严谨严密的配伍理论确保了方剂中的药物能够相互协调发挥最佳治疗效用。

很多人以为，公司的"君药"是董事长、总经理等主要领导。对此，刘菊妍有不一样的看法。"在科技类公司里，学科带头人、项目研发经理才是能够在专业领域攻坚克难的'君药'；各个专科专

◆ 刘菊妍与同事就中医药制作现代化讨论发展规划

业的研发人员是'臣药';'佐药'是单位中的辅助人员；而主要领导是'使药'，负责找准发展方向和带领团队达成目标和使命。我自己的定位就是'使药'，把握科研方向。"她说，找准位置、各司其职，人尽其才、物尽其用才能最大限度发挥集体的力量。

在刘菊妍的带领下，目前，广药集团已建成以"中药制药过程技术与新药创制国家工程研究中心"等 8 家国家级科研平台为引领，以广东省传统中药创新中心等 42 家省级科研平台为支撑，以广州白云山医药集团股份有限公司高水平企业研究院等 35 家市级科研平台为基础的三级科研平台梯队体系。

其中，国家工程研究中心于 2021 年高水平通过国家发展改革委优化整合，创新领域由提取分离技术拓展至中药制药全过程，成为国内唯一的中药制药工程技术类国家工程研究中心和国家科技创新体系、国家战略科技力量的重要组成部分。

有了这样一支强大的科研军团，广药集团在市场上的核心竞争力得以快速提升。在中药产业、科研创新等诸多领域，广药集团的科技实力所产生的新势能，带动了全集团的变革与提升。

2021 年 8 月 2 日，被视为衡量全球大企业发展的权威榜单——2021 年《财富》世界 500 强榜单出炉，广药集团首次上榜，排名第468 位，成为全球首家以中医药为主业进入世界 500 强的企业，实现了中医药企业在世界强企行列"零"的突破。

专攻痛点，变硬核科技为新质生产力

无论何时何地，刘菊妍总是习惯性地思考，如何把老祖宗的智慧充分挖掘出来，通过现代技术手段加以保护、传承，更好地为大众健康服务？如何构建疗效评价指标体系、如何提升标准化程度、如何运用科学技术开发新药、新技术如何运用到中药生产、如何进行中医药临床试验……

好问题也是成功之母，面对问题，刘菊妍总能从临床经验的角度，开发出适合不同病症患者的新产品，变硬核科技为新质生产力。

灵芝孢子油是刘菊妍从中医药宝库里"挖"出来的第一个宝。东汉时期成书的《神农本草经》中记载，灵芝"久食轻身不老，延年神仙"。2000多年来，国人服用灵芝的方式从切片变为打粉，但灵芝切片要用传统煎煮的方式处理，药效易损耗且利用率低，即便打为粉末，仍存在难消化、吸收率低等问题。而经她之手，灵芝从一块块黑乎乎的切片变成了一粒粒清香透亮的灵芝孢子油胶囊，也大大提高了灵芝的吸收率。

"虽然我不是研究药物化学的专家，但我知道，超临界二氧化碳反向萃取技术适用于油脂类物质的提取。"刘菊妍介绍，在灵芝孢子油的开发过程中，最大的难点在于灵芝孢子的破壁，每个灵芝孢子只有5—8微米，具有坚硬的双层壳壁结构，很难被人体吸收。将灵芝孢子拿到放大镜下看，形状类似于坚硬的核桃，想要提取出其中的油性物质，必须打破双层壳壁，一旦温度处理不好，油性物质很容易发生氧化反应。

为了攻克这一难题，刘菊妍带领技术团队进行了无数次实验，采用低温物理破壁技术和超临界二氧化碳萃取技术，成功开发出了清亮且带有菌香的灵芝孢子油这一创新产品，总三萜化合物、麦角甾醇等有效成分纯度提升近10倍，解决了传统灵芝孢子粉难以被体

质虚弱、肠胃功能差等人群有效吸收的临床痛点。

每年，我国有众多新专利、新发明面世，但能成功运用到生产线上的发明专利，只是少数。"对于中医药现代化来说，科研成果如果仅仅停留在实验室里，在生产线上无法生产、无法形成有用的产品，那这都只是口头上的创新，离科研成果实实在在地推动行业进步还有差距。"而刘菊妍步履不停，在中药科研领域中不断挑战自我。其中，最具代表性的是与四川省中医药科学院研究院研究员邓文龙团队合作研制的昆仙胶囊，打通从实验室到生产线的"最后一公里"，足足经历了 20 年。

20 多年前，邓文龙教授找到广药集团，想将团队研究的科研成果——治疗类风湿性关节炎的中药从实验室研究转化为工业化的生产并应用到临床，而药方四味药中有一味含有毒性的昆明山海棠。在中医理论中，治疗大病重病的药材，毒性往往就是药性。为了保证药方的有效性，需要对每一味药材进行药效物质基础与作用机制的研究，并在此基础上严格控制药材的用量和配比。

邓文龙在实验室采用了大孔树脂吸附这一从未在中药行业得到应用的新技术，将每一味中药单独煎煮，再用树脂进行吸附，提取药液后进行处理，最后将四味药材提取物混匀，制成临床可接受的剂型。单独服用昆明山海棠提取的药液是有毒的，但是通过另外三味药，可以辅助昆明山海棠发挥药性，同时最大限度降低其毒副作用。不仅如此，每一味药材还需要进行单独处理，从而保证每一味药材的准确用量和比例。

虽然该药在实验室中制备，取得了良好效果，但是在真正落地生产线之前，还有很多障碍。

　　"最难的其实是将其他行业的技术应用到我们中药行业中来，科研成果的工程化转化难度很高。"刘菊妍说。21 世纪初，大孔树脂吸附是一个相当新颖的技术，以前从来没有被运用到中药产业化中。药液吸附的过程中，树脂会不会脱落？会不会引起药品的不良反应？每一种药材提取后的药液应以什么比例配伍？不同人群服用有哪些禁忌？再加上昆明山海棠本身具有毒性，如何把握安全、合理的用量？……一个又一个问题摆在刘菊妍团队面前，为了把这种药研究透彻、顺利拿到国家药品监督管理局的批文，她带着团队成员在生产线上反复做实验。

　　在实验室里，实验器材较小，药材的用量一般较小，但是一旦投入生产线，意味着需要使用大型生产设备和大批量的药材。刘菊妍带领团队成员率先将大孔树脂吸附技术运用到中药材生产中，建立了一系列的规范化研究，形成了相关技术标准。经过 20 年反复实

◆ 刘菊妍在实验室观察试验样品

验和研究，2009 年，昆仙胶囊终于拿到国家药品监督管理局的批文，成为科技部中药现代化"九五"攻关项目中唯一实现产业化的中药新药，在广药集团发展历程中也是极具创新意义的中药新药，目前年销售额达 5 亿元。

消渴丸是备受糖尿病患者青睐的中成药，配方源于古代名医叶天士的"玉泉散"和朱丹溪的"消渴方"，是加入格列本脲制成的中西药复方制剂。但很多人不知道，生产消渴丸的广药集团旗下白云山中一药业一度面临该药品停产的危机。21 世纪初，各类进口胰岛素在中国市场占据主流地位，大大挤占了消渴丸的市场份额。相比于动辄数百元一支的进口胰岛素，一瓶消渴丸仅需二三十元，但经济实惠的消渴丸备受外国药企的打压。

面对消渴丸市场占有率不断下滑的危局，刘菊妍的中医思维再一次发挥作用。她认为，消渴丸源于经典名方，疗效经过了数百年的验证，不会因为市场情况变化导致药效变差。如果销量不佳，需要用专业实力证明药品质量。

为了验证消渴丸的疗效、提高其认可度，刘菊妍牵头开展了降糖中成药国家 863 计划的循证医学研究和药物经济学重大项目，项目团队不仅发表了 11 篇 SCI 论文，用国际通用的语言证明其中西合璧、降糖更安全有效经济，而且突破了中西药复方制剂生产过程中分散均匀性的工艺瓶颈，获得中国发明协会 2021 年度发明创业奖创新奖一等奖，消渴丸再次赢得了消费者的青睐。

除了采用先进科技手段赋能产品研发，刘菊妍还积极采用前沿新型技术赋能中医药生产，推动广药集团加快数字化转型的步伐。

其中，消渴丸的制备率先引入"指纹图谱"现代化质控技术，是中国药典首个纳入含量均匀度检查的中成药，目前已全面实现数字化、自动化生产，数智赋能让消渴丸产品质量和疗效更加稳定可靠。

人工智能、大数据、物联网……一大批数智化技术的应用，让白云山中一药业智能化三期工程的生产设备产能提高150%，人力成本下降70%以上。装箱码垛机器人有条不紊地搬运码齐一箱箱生产物料，水蓄冷系统正将夜间低电价蓄冷的1万多立方米4摄氏度水释放到空调终端降温……走进广药集团旗下多个公司，现代中药"智造"感扑面而来。

而在山清水秀的西藏林芝，一座座现代化大棚拔地而起，大棚里堆满了一个个重约1.5公斤的灵芝栽培菌包。"我们采用了智能化温室系统，实现远程监控灵芝的生长状态，同时借助数据分析技术，精准调控温度、湿度、光照等因素，实现对灵芝生长数据的实时监测和分析。"

"十三五"时期以来，中医药文化建设面对难得的机遇，迎来了天时、地利、人和的大好时机。"我运气好，关键时刻总能踩准时代发展节拍。"刘菊妍笑着说。构建疗效评价指标体系、提升标准化程度、运用科学技术开发新药、进行中医药临床试验……在中医药现代化的道路上，刘菊妍抓住时代机遇，以中医思维为引领，用科技赋能传统中医药，为中医药插上现代化的翅膀。她率先提出"中药大品种培育与战略路径选择"创新命题，带领团队从药材种植、质量提升、工艺改良、产品疗效等方面进行了规范管理和深度研发，培育了广药牌灵芝孢子油、消渴丸、华佗再造丸、滋肾育胎丸、小柴胡颗粒、昆仙胶囊等近30个超亿元名优大品种，主持研究开发18个在研1类创新药。

打破国外技术垄断，推动中医药 IP 加速"出海"

中医药行业的高质量发展靠的是实打实的创新成果，每一次创新都离不开艰苦卓绝、百折不挠的求索。刘菊妍正是靠着一次次带领团队实现从无到有，解决"卡脖子"问题，推动中医药国际化。

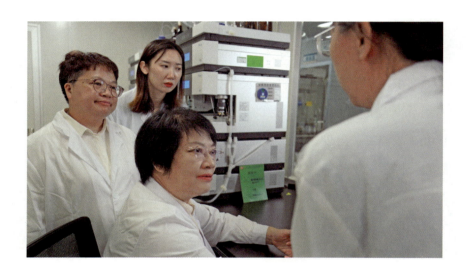

◆ 刘菊妍与同事探讨生产技术问题

一次，刘菊妍带领团队与复旦大学某实验室联合开发脂质体新药，结果到了约定时间，对方迟迟未交付新药产品，她连忙赶到上海了解情况。

"当时我跟实验室负责人一聊才知道，光是在研发环节，做试验所需的高端制剂原辅料全都要进口，外国企业看到是中国知名大学的实验室订了原辅料，故意在半年后才发货一个小小的原辅料。如此一来，外国企业就能控制我们中国实验室自主研发的进度，更何况是需要大量高端制剂原辅料的生产环节……"

从此，刘菊妍意识到，中国人一定要有自己的高端制剂原辅料，于是她瞄准中药行业的药用脂质原辅料"卡脖子"问题，向这一难题发起冲锋。

刘菊妍发现，肝癌病人服用油类药物时易产生不适，老年人因食管平滑肌功能老化，在吞咽软胶囊类药物时有困难，如何让这一人群服药更方便，她想到开发蛋黄卵磷脂，一种可以作为乳化剂、增溶剂的药用辅料。

21 世纪初，国际上静脉注射脂肪乳的关键辅料——注射用蛋黄卵磷脂由于提取工艺和技术复杂、难度较大，其研发和生产对于杂质、成分和功能的控制要求很高，只有德国、日本等国外少数公司掌握其生产技术并实现了产业化，国内很多药企虽都在研发注射用蛋黄卵磷脂，却均以失败告终。

为了降低研发难度，一开始，刘菊妍尝试找德国药企合作，但对方明确拒绝，甚至扬言中国人做不出注射用蛋黄卵磷脂。针对困扰业界多年的脂质技术难关，从生产工艺到产品特性、从实验室到生产线，做试验、引进新的生产设备、不断调试和改进生产工艺……经过多年的研究，她终于带领团队成员啃下这块"硬骨头"，于 2008 年拿到国家药品监督管理局的批文。

由于技术遥遥领先、制作工艺优良，广药集团旗下广州白云山汉方现代药业有限公司很快成为中国市场上最大的注射用蛋黄卵磷脂供应商，往日在中国市场上占据主流地位的日本产品风光不再，连曾经高高在上的德国药企也找到她，主动提出想要合作生产注射

用蛋黄卵磷脂。

刘菊妍委派广州白云山汉方现代药业有限公司党总支书记、董事长袁诚与德国药企谈判。谈判桌上，袁诚提出，我方不光有技术优势，还有市场优势、资金优势，德国药企能提供什么？

没想到对方恼羞成怒，扬言如果不合作，就打价格战。但此时，广药集团已经有超临界二氧化碳萃取、膜浓缩、多级定向高效吸附等核心集成技术在手，在世界处于领先水平，即便是打价格战也没有后顾之忧。最终，德国药企权衡再三没有挑起价格战。

谈判的话语权源于关键技术的自主创新。在蛋黄卵磷脂这一高端制剂领域，刘菊妍带领团队成员打了一个漂亮的翻身仗，不仅在技术上反超德国、日本企业，打破了国外的技术垄断，而且拿到了国际谈判的主动权，与国际品牌同台竞争独占上风，成功实现国内罕有的注射用蛋黄卵磷脂产业化、国产化，为实现中药提取分离技术现代化从"0"到"1"的突破作出了原创性贡献。

此后，刘菊妍和团队成员陆续开发出一系列药用脂质系列产品，为超过 70% 国产静脉脂肪乳产品提供关键的药用脂质系列原辅料，填补了国内空白，替代了进口产品，带动了我国高端制剂产品开发，保障了我国药用脂质原辅料领域产业链和供应链安全。

中医药是中华民族的瑰宝，中药出口是几代国人的梦想。国家中医药管理局数据显示，中医药已传播至 196 个国家和地区。但时至今日，中药走出国门，"药品身份"难被肯定的问题依然存在。

然而来自中国的华佗再造丸，在俄罗斯几乎是家喻户晓，而且被纳入俄罗斯国家基本用药目录；在越南，是第一个进入国家医保目录的外国药；华佗再造丸接连在加拿大、俄罗斯、越南、美国等

29 个国家和地区注册或销售，并进入当地主流医药市场……资料显示，加拿大是世界卫生组织认定的严格监管机构（SRA）国家之一，在完全没有中医文化土壤和教育背景的异国他乡，华佗再造丸何以如此成功？为何能突破中医药"出海"困境？

据刘菊妍介绍，"京城四大名医"之一的冉雪峰通过祖传验方，潜心研制出治疗中风的华佗再造丸。冉氏传人将药方献给国家，广药集团负责研发生产，华佗再造丸被列为国家"六五"重大攻关项目。但即使"出身高贵"，想要在西药独霸国际市场份额的状况下破浪前行，依然不是一件容易事。

为了快速找到国际市场的突破口，广药集团将目光转向俄罗斯市场。"俄罗斯气候寒冷，当地人又喜欢喝烈酒，心脑血管疾病高发，因而成为全世界该类药品的目标地区之一。"刘菊妍说。

选定目标市场是第一步，更重要的是如何获得市场的认可。由于俄罗斯人种与中国人种不同，同样的华佗再造丸，是否会因为人种差异而导致疗效不同？

为解决这一问题，刘菊妍牵头与多家医学研究机构探索国际化的临床合作，加速拓展国际科研"朋友圈"，针对华佗再造丸的药物安全性再评价、药物临床新应用、药物作用机制等方面展开深入的研究，多项高证据级别的循证医学研究和现代药效作用机制研究成果，为华佗再造丸临床治疗中风的效果提供了有力的证据；发表多篇 SCI 论文，大大促进了西方医学对华佗再造丸的认可和肯定，助力华佗再造丸在 2010 年获得俄罗斯永久性药品批文。

刘菊妍认为，在西方医学占据主流地位的情况下，外国人很难理解和认同中医理论，因此中医药国际化的打法，关键是在中医药

现代化的基础上，用西医认可的临床证据做好中药产品的疗效评价，用外国人能理解的方式，推动中医药融入国际主流医学、进入主流市场，以丰富的中药循证证据支持西医适应证的获批，助力中医药IP"出海"。

"我们广药集团通过循证医学研究，用临床实际疗效向世界解读中药的临床价值。"刘菊妍说，在国外市场的竞争，靠的就是疗效。无论是俄罗斯还是越南，这些国家对中药认知很少，也不了解中药数千年的深厚文化底蕴，对他们来说，"不管白猫黑猫，能治好病的就是好药"。

目前，俄罗斯成为华佗再造丸的海外热销地区之一，出口量已超400万瓶。华佗再造丸海外销售规模连续16年位居国内中成药第一，累计销售量达1300万瓶，成为我国首个以正式药品身份在国际市场突破亿元销售额的中药品种。近年来，广药集团共有23个品种获得境外批文，澳门最大且符合现代GMP管理的澳门青洲中药后端制造工厂、大湾区最大医药原料生产基地等相继落成。

乘着"一带一路"的东风，借力粤港澳大湾区建设的快车道，刘菊妍带领科研团队积极推动中医药名优产品走向国际市场，推动中医药IP走向世界，一批广药集团产品正加速海外市场的拓展，以期让更多中医药经典名方走出国门、进入异国寻常百姓家，让世界从"认识"中医药到"认可"中医药。

中医药是中华文明的瑰宝，如何入宝山而不空手而归？刘菊妍用现代科技手段这把"锄头"，从中医药"宝矿"里挖出了不少宝贝，回顾23年来的"挖宝"经历，她更加确信，中医药这一宝矿中藏着诸多引领创新的可能，"越盘，越有味道。"

广州之行打破了我对中医药的传统认知

大学时我曾旁听《黄帝内经》的解读课，从此对中医产生兴趣，没想到 2024 年 6 月，自己将采访广药集团副总经理刘菊妍，学中医出身的她正是我国中医药现代化征程的开拓者之一，于是我想，此次广州之行，一定要搞清楚她如何变传统中医药为新质生产力、"纯中医"如何跨界"搞科研"等问题。

带着这些问题，我飞到广州，见到了一头利落短发、谈笑风生的刘菊妍，细聊起来才知道，原来她天生胆子大、脾气倔，年仅 9 岁的她在课堂上敢于指出数学老师计算失误的地方；连续 2 次高考失利，在父亲"激将法"刺激下，不服输的她成功考入大学；为了博士学位，她硬是熬了 6 年才如愿申博，熬出了心律不齐的毛病。

博士毕业后，天生"爱折腾"的刘菊妍在 36 岁大胆跳出"舒适圈"，从中医临床跨行转攻中药研发，跨度不可谓不大。而在 2002 年年初，我国中医药现代化事业尚处于起步阶段，刘菊妍的转型并没有任何经验可参照、学习，但对于勇于挑战自我的人来说，恰恰是一片空白的领域，才更具探索的乐趣，刘菊妍义无反顾地闯入这片新天地，加入广药集团，这份勇气和胆识，让我由衷钦佩。

路过中药提取分离过程现代化国家工程研究中心附近一处院墙时，刘菊妍指着一丛丛比院墙还高的野草回忆道，当年这里只有一座废弃厂房，草丛里有蛇，树上全是蜂窝。当我问她怕不怕时，刘

菊妍笑着说不怕。就是在这种艰苦的条件下，刘菊妍带着团队用 23 天时间将 2 栋废弃厂房整修一新，用一年时间打造出一套全国领先的中药提取分离纯化的整套设备，创造了令人惊叹的"广州速度"！

设备造出来了，问题是怎么将沿用了几千年煎煮方式的中药制成中药新药，刘菊妍勇做第一个"吃螃蟹的人"。刘菊妍与邓文龙团队合作研制昆仙胶囊，首次将大孔树脂吸附技术运用到中药产业化当中，将药液吸附过程中树脂是否会脱落、如何把握药品安全用量等难点一一攻克，这场"仗"打下来，刘菊妍花了近 20 年的时间！仅这一款新药，年销售额达 5 亿元，惠及无数痛风患者。作为行外人，我曾听闻药品审批严、研发周期长，但这是第一次实实在在感受到药品研发之难，其难度堪比普通人勇攀珠穆朗玛峰，对于毅力、判断力、决心和勇气都是极大的挑战。

刘菊妍的经历深深地启发了我，以往我对于中医的理解，局限于用医术治病救人，可是学中医出身的刘菊妍，虽然不是西方药学、生物学等学科的专家，但是善用中医思维，擅长运用化学、制药工程等现代科学技术手段开发中药新药。正像她说的那样，中医是一门医学，也是一种哲学，更是一种思维方式。学会中医思维，让她能够用现代科技手段这把"锄头"，从中医药"宝矿"里挖出了不少宝贝，这也正是刘菊妍勇敢转型、攻克中医药现代化难题的底气和自信来源。

芳华 映照奋斗美 | 2024
最美巾帼奋斗者故事汇

惠敏莉

　　国家一级演员，陕西西安易俗社党支部
书记、执行董事、总经理。享受国务院政府
特殊津贴专家、中国共产党第二十次全国代
表大会代表、全国劳动模范、全国三八红旗
手标兵、全国妇女创先争优先进个人、全国

五一劳动奖章获得者、全国最美巾帼奋斗者、中国戏剧梅花奖、文华奖、白玉兰奖获得者。带领易俗社全体演职人员，把易俗社这个百年老字号品牌剧社锻造成了新时代引领传统文化艺术发展的劲旅铁军。

惠敏莉：自向深冬著艳阳

王晓艳

　　非凡的力量需要深植于奉献之中才显得伟大，从事秦腔艺术 40 多年来，惠敏莉始终坚持党的文艺方针，坚持社会主义先进文化的方向，坚守在民族优秀传统文化的阵地，不断提升个人艺术和管理能力，先后主演《花木兰》《杨门女将》《织梦人·赵梦桃》等 60 余部本戏、折子戏，拍摄戏曲电视连续剧及戏曲电影 10 余部，出版发行了盒带、CD、VCD、DVD 个人唱段、剧目专辑等 200 余部作品，塑造穆桂英、梁红玉等众多生动的巾帼形象。

学艺·博采众长

　　惠敏莉生于人文圣地黄陵，成长于革命圣地延安，成熟于艺术圣殿百年易俗社，博大厚重的中华文化滋养了她。

　　惠敏莉的父亲也是一位资深秦腔戏迷，工作之余总会哼唱几句，痴迷戏曲的家庭氛围熏陶着她，使生在黄土高坡的惠敏莉自幼爱唱爱跳。5 岁的惠敏莉趴在父亲案头，轻声唱道"未开言来珠泪落，叫

声相公小哥哥"（《三滴血》"虎口缘"选段），父亲欣慰之余便教会她这段脍炙人口的经典唱段。后来在镇上的广播里一鸣惊人，惠敏莉在当地成了一名会唱秦腔的"小童星"。

经常受到众人肯定，小敏莉开始对戏曲艺术产生浓厚的兴趣。她常常会跑去看戏，旦角头饰在聚光灯下闪闪发光，精美的戏服、俊俏的扮相深深地印刻在她的脑海中，渴望自己有一天也站上舞台。

当11岁的她打算叩响梨园的大门时，父母却犹豫了。惠敏莉学习成绩优异，改学戏曲有些可惜，父母对孩子的选择还是有些担心，再三征求女儿的意见，惠敏莉则坚定地点了点头。就这样，正值懵懂年纪的她迈进了戏曲大门，考入陕西省黄陵县戏剧学校，开启属于她的艺术人生。

像很多第一次投入艺术怀抱的孩子一样，兴致勃勃地奔赴总会被现实泼一盆冷水。梨园行不是只有舞台上的光鲜亮丽，枯燥繁重的基本功才是日常。

星光不负追梦人，13岁时，著名电影演员田华观看她的表演后，称她是"陕西戏剧的希望"。这番肯定的话语给了学戏的少女莫大鼓励，更坚定了惠敏莉"要唱出个样样"的决心。凭着对戏曲的执着，1985年，惠敏莉考入陕西省艺术学校延安分校（鲁艺）——这座诞生于烽火年代的文艺殿堂。

来到革命圣地延安，惠敏莉更是一刻不敢懈怠。她盼望成为一名优秀的秦腔演员，从大山里走出去。每天早早起来练功，惠敏莉给自己壮好胆子，摸黑从宿舍走到练功房，在同学们到来之前已经练完一趟功，等同学们到齐再跟大家一起训练，春去秋来，几千个日夜，她刻苦的训练从未间断。

夜以继日地练功都被老师看在眼里，在老师的指导下，惠敏莉开始进入剧目排演，可这时，她却犹豫了。戏曲不只是唱念做打，更是通过扮演活灵活现的人物，声情并茂地讲述历史。面对一个个吃不透的人物角色，惠敏莉发现让历史重获新生不是一件容易的事。一向坚定的她，第一次感到迷茫和无助。

所谓幸运的成长，就是在关键时刻有人指路，豫剧大师常警惕、著名戏曲教育家姜云芳等名师都曾在剧目教学上为惠敏莉打下坚实基础。

惠敏莉从一个唱段一个唱段地学，到一折一折地学，再到一部戏一部戏地学，她忽然明白，昔日的一日三趟功让她"占了大便宜"，在基本功扎实的基础上吃透人物，才能做到活灵活现、文武兼备、游刃有余。

《桃李梅》《青蛇传》《夺锦楼》《女巡按》《花木兰》……从小家碧玉到大家闺秀，从花旦、小旦到刀马旦、武旦，再到女扮男装，惠敏莉进步神速，势如破竹。

1988 年毕业后，18 岁的惠敏莉凭着扎实的基本功考入秦腔殿堂——西安易俗社，"移风易俗"的题匾让她明白身上的重任，"成为对社会有贡献的艺术家"才刚刚开始。

每天天不亮，就来到排练场，舞枪弄棒、训练唱腔、磨砺技艺……从艺 40 多年来，惠敏莉就这样坚持严格要求自己。凭着自身的灵气以及谦虚、勤奋、好学的品格，不断成长，不断挑战自我、突破自我，于 2005 年被推选为易俗社业务副社长，2009 年成为易俗社第十八任社长，也是易俗社建立以来唯一一位女社长。

在易俗社工作期间，她勤奋进取，在艺术上精益求精，善于博采

◆ 惠敏莉投身秦腔秦韵艺术，塑造了大量古装、现当代角色

名家之众长，在继承中不断创新。先后得到常警惕、肖若兰、张咏华、全巧民、姜云芳、康兰、王芷华、孙莉群等戏曲名家的言传身教，为她在演唱和表演等方面打下坚实的基础。

1994 年，惠敏莉主演了《新断桥》，给当时的秦腔舞台带来了一股清新气息。她针对秦腔以唱为主的特点，创造了不少鲜见的表演技巧和人物造型，将角色演绎得活灵活现。该剧曾荣获陕西省"易发杯"青年大赛综合大奖、探索奖、个人表演一等奖。

在不断突破自我的过程中，青年时期的惠敏莉又相继获得西安市新剧目调演一等奖，西安市第五届石榴花大赛表演一等奖，陕西电视台首届荧屏百佳演员，西安市第二届古文化艺术节新剧目调演表演一等奖，陕西省优秀剧目表演一等奖，第八届中国戏剧节表演一等奖，首届中国戏曲红梅奖表演一等奖，第二届中国戏曲红梅奖表演一等奖，陕西省戏曲小戏、小品大赛表演一等奖，中国戏剧奖、小戏小品表演一等奖，第四届西北五省区秦腔艺术节表演一等奖，第五届西北五省区秦腔艺术节表演一等奖，第五届陕西省艺术节优秀表演奖，第六届陕西省艺术节优秀表演奖，折子戏专场特别荣誉奖等奖项。

惠敏莉在易俗社学戏、成长、成人。几代易俗社人对秦腔的信仰与信念深刻影响着她，鼓舞着她，使得她不仅在秦腔舞台上不断耕耘初心，用心血守护易俗社，更是她镌刻在骨子里的使命。她坚守秦腔舞台，在秦腔艺术上不断精益求精：磨砺技艺，排练大剧；摘梅花奖、争文华奖、夺白玉兰奖，戏曲名家走过的路、追求艺术的艰辛她都经历过。

多年来，她始终不放松对自己的要求，舞台上，她是"战斗员"，身体力行地弘扬艺术，将秦腔唱到全世界；舞台下，她是"指挥员"，向年轻一代传授"艺精戏硬"的成长箴言；作为易俗社社长、秦腔界的旗帜，她当好秦腔艺术守正创新的"服务员"，带领易俗社昂扬迈出新时代的新步伐，为秦腔事业的发展不断注入新的活力。

从艺·经典流传

惠敏莉主工小旦、刀马旦，文武兼备，表演细腻，声情并茂，艺术造诣深厚。她戏路宽广，谙熟秦腔、眉户、碗碗腔、阿宫腔、弦板腔、线腔、同州梆子、长安道情、陕北道情、汉调二黄等唱腔表演艺术，擅长长绸、水袖、手绢、出手、刀枪把架等戏曲技巧。40余年的舞台历练形成了卓尔不群的独特风格，成功塑造了诸多深入人心、端庄大气、栩栩如生的人物形象，不断地刻苦钻研使她从一名小演员成长为一位杰出的秦腔表演艺术家。

从艺40余年来，先后主演60余部本戏、折子戏，戏曲电视连

续剧，出版发行 CD、VCD、DVD、盒带、个人演唱专辑 200 余部，演出了经典剧目《三滴血》《火焰驹》《貂蝉》《穆桂英挂帅》《花木兰》《蝴蝶杯》《盗虎符》《双锦衣》《白蛇传》《桃李梅》《青蛇传》《女巡按》《花木兰》《夺锦楼》，新编剧目《柳河湾的新娘》《秦腔》《易俗社》《党的女儿》《织梦人》《李陵碑》《霍去病》《皇后梦》《青山情》《战袍缘》《空海在长安》《日本女人关中汉》《郭秀明》等，折子戏《新断桥》《烤火》《斩窦娥》《西施泣别》《昭君出塞》《杨贵妃》《木兰从军》《梁红玉》《霸王别姬》《柜中缘》《虎口缘》《数罗汉》《拾玉镯》《小宴》《十八里相送》《三劝新郎》《三对面》《杀狗》《彩票》《三回头》《走雪》《楞县官》，参加中央电视台拍摄的戏曲电视连续剧《金碗钗》《狸猫换太子》《山里世界》，秦腔数字电影《寒窑记》，电视连续剧《半个红月亮》《杨四郎》《花木兰》等，在长期的演出实践中，惠敏莉塑造了众多光彩夺目的艺术形象。由惠敏莉创排并领衔主演的《柳河湾的新娘》《昭君行》等多部精品力作，先后荣获中宣部"五个一工程"奖等百余项大奖。

在西安易俗社原创传统戏《三滴血》中，她饰演的贾莲香很好地继承了全巧民老师的艺术表演风格；在《虎口缘》一折中完美诠释了一个二八少女的舞台形象；在原创大型秦腔现代戏《柳河湾的新娘》中饰演的柳叶艺术地反映陕西女人朴实、善良、执着的性格和一诺千金、信守承诺的品质，为中华优秀女性形象树立起标杆；在原创大型秦腔现代戏《秦腔》中饰演的白雪以一个演员对秦腔的热爱与执着为切入点，历经人生起伏，依然勇毅前行的艺术工作者形象，以小旦形象诠释了秦腔行业众多从业者的奋斗史。

在《易俗社》中的表演跨越了花旦、小旦、正旦、刀马旦、老旦等多个行当，创造性展示人物形象和易俗社精神；在《白蛇传》中很好地继承塑造了秦腔白素贞的艺术形象，无论是游湖中的唱念做表，还是盗草、水斗中的武打，文武不挡，全面展示了演员个人成熟的舞台展现力。

她用原汁原味的唱腔，书写新时代大秦之腔的新气质，赋予传统戏曲创新发展的当代精神写照，增强中华文化传承传播的影响力和感召力。

2019 年，在她的积极推动下，易俗社与上海电影集团合作，将秦腔经典剧目《三滴血》、秦腔现代戏《柳河湾的新娘》拍摄成秦腔首部 3D 电影，荣获第三届中国戏曲电影展"优秀戏曲电影奖"，入围第 34 届中国电影金鸡奖"最佳戏曲片"单元。

2020 年，惠敏莉结合党史学习教育创排秦腔《党的女儿》并领衔主演。2021 年，精心打造大型秦腔现代戏《织梦人》，此剧获文化和旅游部首届黄河流域戏曲演出季展演证书，取得了良好的社会效益和经济效益。2022 年积极响应"一带一路"文化先行，新编秦腔历史剧《昭君行》，获得新时代舞台艺术优秀剧目展演参演剧目奖牌、陕西省第十届艺术节文华大奖，入选陕西省 2022 年度重大文化精品扶持项目、陕西省 2022 年度大型舞台艺术创作资助项目、文化和旅游部重大历史题材创作工程剧目、第九届丝绸之路国际艺术节演出剧目、第十八届中国戏剧节演出剧目。

传承·并举发展

自 2012 年开始，惠敏莉坚持"艺术＋学术"并重发展模式，陕

西省中小学生研学实践教育基地、艺术传承基地、红色教育基地等
多重责任，以秦腔艺术为载体，以传统文化为桥梁，不遗余力开辟
新的融合之路。其先后发表《我与易俗社》《痴情系经典　诚心织
"锦衣"》《我的大学易俗社》《一片痴心，彰显"社魂"——我演林
梦芸》《我演秦腔》《让人牵心的美丽新娘——我演〈柳河湾的新娘〉
中的柳叶》《"秦腔与〈秦腔〉"》《塑造人物　抓住性格——我演〈青
山情〉中的秦红娟》《戏曲表演中的再创造——我演〈断桥〉》《我用
真情演春花》《妩媚多情绚丽多彩——我对貂蝉一角的塑造》《变压
力为动力演好贾莲香》《最爱百花是晓露　能生万物是春风——秦腔
主持之我见》《赈灾义演献爱心》《疫情无停止　易俗无停止》《从案
头到台上——我理解与演绎的王昭君》等 20 余篇论文，组织编辑出
版 "中国戏曲典藏·百年易俗社" 系列丛书，出版发行了《三滴血》
《双锦衣》等 20 部经典剧目音像制品；拍摄秦腔首部 3D 电影《三
滴血》《柳河湾的新娘》、首部秦腔动画片《三滴血》并在巴基斯坦、
马来西亚等国播放，打造中英版《白蛇传》，持续为中华文化传播
不懈努力。

　　惠敏莉长期以来，坚持带徒授课、高校讲课、辅导社团，帮扶
10 余名贫困生考入省市艺术专业学校，为专业学生及爱好者授课，
受众达上万人次，徒弟 26 人，高校学生 1680 人，戏迷学生 4500 余
人，培训班学生 270 人，辅导鲍旭东、彭丹奇、段德萱、魏继刚、
张浩等学生。

　　指导徒弟张腊梅传承《数罗汉》《三滴血》《柳河湾的新娘》
《蝴蝶杯》等剧目，其中《数罗汉》荣获中国秦腔优秀剧目会演证
书、第七届陕西省艺术节表演奖。为徒弟高宁宁、赵璐璐传承《梁

红玉》《昭君出塞》《貂蝉》等剧目，王凤芸、张倩传承《虎口缘》《烤火》《木兰从军》《李陵碑》《貂蝉》等剧目，王媛媛、高宁宁、王咪娜、何雨馨传承《断桥》《貂蝉》等剧目，传承剧目均已上演。为徒弟黄陵县剧团杨金花传承《烤火》，澄城县剧团李静传承《貂蝉》，三意社李演萍传承《柳河湾的新娘》等，为西北五省多位弟子传授技艺。

2018年，为徒弟张腊梅、卢利花、左晨、华蕾、吴叶、米蓉、赵璐璐、王凤芸、张倩、高宁宁、王媛媛、王咪娜、刘娜娜、郭登、杨海燕、王曼、任慧玲传承的青春版《柳河湾的新娘》，成功上演，演出50余场获得一致好评。为徒弟王凤芸、张倩、高宁宁、王咪娜、何雨馨传承的青春版《三滴血》《易俗社》《昭君行》《白蛇传》，徒弟们熟练掌握全剧表演，演出60余场获得专家观众高度赞誉。

她先后走进清华大学、北京大学、复旦大学、南开大学、西安铁路技术职业学院、西安市铁一中学、西安高新一中、西安交通大

学航天中学、千阳县艺术学校、美国洛杉矶帕萨蒂娜中学、深圳华夏艺术中心、香港艺术中心、广西民族艺术研究院、咸阳市特殊教育学校等40余所高校、中学及艺术团体等进行戏曲讲座，在广大高校学子中推介秦腔艺术；惠敏莉还走进中央党校、陕西省人大常委会、陕西省文联、西安市文联40多家机关单位，澳大利亚、韩国等国家，中国澳门和台湾等地区进行艺术讲座与文化交流，传播推广秦腔艺术，弘扬易俗社这一陕西文化品牌。

同时，担任中央电视台《一鸣惊人》《叮咯咙咚呛》《中国戏曲大会》《中国诗词大会》《春节戏曲晚会》《拿手好戏》、湖南卫视《我们来了》、内蒙古卫视《黄河魂》等多个节目嘉宾，担任《梨园大擂台》栏目主持人，担任陕西广播电视台多档节目嘉宾、评委，开办"敏莉说戏"艺术讲座，提升了易俗社和秦腔艺术的影响力。

2018年，在庆祝秦腔经典剧目《三滴血》上演百年之际，惠敏莉带领一批中青年骨干演员重新排演《三滴血》，除在国家大剧院演

◆ 文化惠民演出中，惠敏莉清唱表演

出外，又陆续走进中央党校、清华大学、北京大学、中国人民大学、南开大学、中国传媒大学、中央戏剧学院、中央音乐学院、中国音乐学院、中国政法大学、北京师范大学、北京语言大学、北京四中、北京早春书院、北京戏曲职业学院、北京 101 中学、长安大戏院等 30 余所高校、中学及全国各地剧院进行授课及巡演。

2020 年西安易俗社积极组建西一路小学、经开七小等秦腔社团，开展秦腔进课堂活动。西一路小学秦腔社团参加 2021 年新城区中小学生艺术展演荣获两个一等奖，惠敏莉荣获优秀辅导奖。在"中国少儿戏曲小梅花荟萃"比赛中，西一路小学获中国少儿戏曲"小梅花集体节目"称号，惠敏莉荣获指导老师奖。

履职·管理创新

当易俗社的接力棒传到以惠敏莉为代表的新一代易俗人手中时，面对众多新兴艺术形式的冲击，以及传统戏剧市场萎缩带来的困境，作为剧社百年来唯一的女掌门，她肩挑起了易俗社的守社者和强社者责任。

惠敏莉自担任西安易俗社社长以来，带领易俗社全体演职人员，积极发挥党员干部的先锋模范带头作用，不忘初心、牢记使命，团结一致、排除万难，在新时代的发展洪流中，把易俗社百年老字号品牌打造成为传统文化高质量发展的艺术铁军。无论是在古旧典籍里翻阅资料探寻易俗社的过往，还是在日常排练演戏中，惠敏莉觉得必须让更多人了解易俗社的历史价值与深厚内涵，通过多种现代化手段来告诉世人，在中国西部有一座古老而神圣的剧社。

在她的带领下，易俗社以"出人出戏出精品"为宗旨，艺术成果丰硕。她主持制定百年易俗社"一个中心，两个轮子，实施惠民、传承、精品、传播、产业五项工程"的发展规划，取得社会效益和经济效益共赢并进的良好业绩。主动采取"引进来、送出去"多措并举培养文艺创作人才，优化人才激励措施、搭建良好的创作和交流平台，大力推动传统艺术传承发展，深化交流互鉴，努力打造一支三秦大地上的文艺劲旅军，开创全国各地易俗社分社，如：终南分社、厦门湖里区分社、宝鸡凤翔分社等，与多所知名高校成为校社文化共建单位，如：西北工业大学、西安石油大学、陕西警官职业学院等，先后与空军军医大学唐都医院、陕汽控股集团、陕西法士特集团、陕鼓集团、陕西省监狱管理局、陕西恒源置业等企业单位达成友好战略合作计划，以文化彰显陕西力量、用艺术展现西部强省。

在她的不懈努力下，2014年，易俗社被文化部命名为国家级非物质文化遗产重点保护单位，成立西安易俗社文化研究院；2016年，易俗社原创大型秦腔现代戏《易俗社》成功上演，受到社会各界的好评。为了让易俗社文化精神得以更好传承，惠敏莉将不到10平方米的资料室拓展成由8间女生宿舍改造的易俗社资料展陈馆；2018年，她推动打造"易俗社文化街区"并于2021年开街，易俗社文化街区包括易俗社剧场、易俗社百年博物馆、中国秦腔艺术博物馆、易俗大剧院、露天戏楼、文创商业等多种业态，通过打造博物馆和文化街区，提升易俗社文化影响力，为秦腔艺术走出剧场、走进大众、走向国际贡献了智慧和力量。

易俗社文化街区的建成，充分发挥了百年易俗社的历史价值、学术价值、文化价值和艺术价值，发挥了戏曲在传承中华优秀传统文化、丰富群众精神文化生活、提升基层公共文化服务水平中的积极作用，不断提升群众的获得感、幸福感和满意度，实现了从无到有的突破，易俗社以多元化的崭新姿态呈现在大家面前。凸显了易俗社"中华戏曲第一剧社"的金字招牌；2020 年，在她的推动和各部门的支持下，易俗社被陕西省教育厅授予第三批陕西省中小学生研学实践教育基地，被西安市教育局授予"秦腔艺术传承基地"，2023 年陕西省关心下一代工作委员会授予西安易俗社"关心下一代教育实践基地"，并开展了数百次戏曲进校园活动，接待了海内外学生近万人次。

2022 年，党的二十大胜利召开，以易俗社成立 110 周年为契机，惠敏莉携手易俗社人推出"梅花奖"名家演唱会、西安易俗社艺术流派传承研讨会、易俗社经典原创剧目展演周、"戏苑百家"戏迷庆祝演出、《秦腔》特种邮票出版发行、"中国戏曲典藏·百年易俗社"系列丛书等一系列的纪念活动。

2023 年 5 月 19 日，西安易俗社作为首届中国—中亚峰会重要接待地点之一，在峰会上大放异彩，向世界展示了中华优秀传统文化和易俗社百余年来的历史文化，第十八任社长惠敏莉为国家主席习近平夫人彭丽媛及出席中国—中亚峰会的吉尔吉斯斯坦总统夫人扎帕罗娃、乌兹别克斯坦总统夫人米尔济约耶娃表演片段，赠送西安易俗社顶凤，受到国际友人的喜爱。

2024 年 5 月 31 日至 6 月 7 日，应"2024 第比利斯儿童与青少年国际戏剧节"组委会邀请，惠敏莉一行 3 人随中国戏剧家协会出访格鲁吉亚，参加"2024 第比利斯儿童与青少年国际戏剧节"，分

别在格鲁吉亚的首都第比利斯等城市进行了三场演出。惠敏莉在格鲁吉亚国家宫殿的青少年活动部，进行了一场别开生面、具有创新性的戏剧演出——秦腔《昭君出塞》。闭幕式上，惠敏莉获"工作坊引领者荣誉证书"。

担当·深入一线

惠敏莉作为一名常年奋战在基层一线的文艺工作者，从一名市党代表到省党代表再到党的二十大代表，数年来，她与百年易俗社全体同仁踏遍千山万水、历尽千辛万苦、走进千家万户，下基层，进校园、机关单位、企业社区、厂矿军营、老少边穷都留下了她坚实的足迹，为新时代文艺事业勤奋笔耕、砥砺奋进。同时，在陕西省人大常委会和西安市人大常委会履职期间，多次深入一线调研，积极建言献策。

从 2018 年起，多次在全省人代会上提交议案，呼吁政府应立法来健全制度，保护秦腔剧种和秦腔人的未来，体现了秦腔人的大格局。经过了多年奔走和跨省调研，2022 年 1 月 1 日起，惠敏莉参与起草修订的《陕西省秦腔艺术保护传承发展条例》正式出台，成为全国首例为保护戏曲剧种传承而立法的条例，为秦腔艺术的保护传承、人才培养、创新发展等提供了法律层面的硬支撑。

家国情怀是惠敏莉的使命担当。2008 年 5 月汶川大地震，惠敏莉带领全体社员奋勇当先，在易俗社剧场进行赈灾义演。演出开始前，惠敏莉突然接到家中来电，母亲病危。演出刚一结束，她就连夜翻越 6 小时的山路奔赴黄陵老家，还是未能见上母亲最后一面。

忠与孝似乎是摆在所有英雄面前的难题，面对年幼的儿子、患癌的公公，泪眼婆娑的惠敏莉打定主意，忍痛坚持毅然前行，"舍小家顾大家"组织全社成员率先发起文艺赈灾秦腔义演 10 余场，为救灾一线募捐善款。

西安新冠肺炎疫情形势严峻时，惠敏莉带领易俗社 70 余名党员干部职工闻令而动，连续 40 余天下沉包抓中海碧林湾和紫薇曲江意境两个小区，组织全体居民开展核酸检测，设置生活便利店，联系爱心大篷车，运送生活物资，以个人名义为疫情防控指挥部捐赠防疫物资及 500 箱苹果……用实际行动诠释共产党员的责任与义务。其间，她腿部受伤，仍带病坚守在防疫一线，并以个人名义为疫情防控捐赠物资。为鼓舞士气，提振信心，惠敏莉带领演职人员先后创作秦腔《万众一心迎春天》、大型眉户现代剧《滚烫的年华》、戏歌《为了长安》，拍摄创意视频等文艺作品，以艺抗疫，受到社会各界的高度好评。

党建·不忘初心

2016 年，惠敏莉参加第十次全国文代会，受到习近平总书记亲切接见；2020 年 4 月，习近平总书记来陕视察期间，进行汇报演出；2020 年参加全国劳动模范表彰大会，受到党和国家领导人亲切接见；2021 年参加第十一次全国文代会，受到习近平总书记亲切接见；2022 年作为代表参加党的二十大期间，受到习近平总书记等亲切接见。

2019 年、2023 年，惠敏莉两度带领易俗社人走进国家大剧院，参演新年戏曲晚会，为党和国家领导人演出了经典剧目《三滴血》《火焰驹·表花》片段。惠敏莉与易俗社同仁分别在 2009 年、2019 年、2021 年通过秦声秦韵向长期以来关心百年易俗社发展的老一辈无产阶级革命家习仲勋夫人齐心老人表达崇高敬意。

党的二十大胜利闭幕后，作为二十大代表的惠敏莉又迅速投身学习宣传贯彻党的二十大精神的热潮中，宣讲场数达 60 余场，线上线下受众超过 15 万人次，宣讲总时长达 2200 分钟，宣讲足迹遍布陕西多地区县的机关、企业、乡村、社区、工地学校、车间，宣讲形式多样、内容丰富，重点围绕"坚定文化自信，用文艺精品铸就社会主义文化新辉煌"分享学习心得、交流参会感受，传递党的"好声音"，推动党的二十大精神直通基层、直达一线。

惠敏莉作为党的二十大代表，始终牢记党和国家对文艺工作者的殷殷嘱托，始终坚持以人民为中心的创作导向，坚持党的文艺事业方针，坚定文化自信，坚持社会主义先进文化的方向将理想融入艺术事业之中。当易俗社的接力棒传到以惠敏莉为代表的新一代易俗社人手中的时候，面对众多新兴艺术形式的冲击，以及传统戏剧市场萎缩带来的困境，作为百年剧社的负责人坚持、坚守了百年易俗社这一门户。带领易俗社人以全新的面貌屹立在神州舞台，正如这座百年剧社在成立之初的办社宗旨"移风易俗、启迪民智、辅助教育、推陈出新"，虽历经百年，却愈加掷地有声。

近年来，惠敏莉带领易俗社演员足迹遍布四川、贵州、云南等 20 多个省区市和港澳台地区，朝鲜、韩国、日本、菲律宾、马来西亚等国家，惠及受众千万余人次，先后与汉族、蒙古族、维吾尔族、

◆ 惠敏莉向小学生讲述传统艺术的魅力

藏族、土族、回族、满族等 30 余个民族人民群众进行了友好文化交流，以剧目为纽带传播优秀传统文化，在各民族地域落地生根开花结果，形成了影响力巨大的易俗社文化现象。

文化关乎国本、国运。惠敏莉始终坚信没有中华文化的繁荣兴盛，就没有中华民族的伟大复兴。在部、省、市文化品牌共建中，惠敏莉以实际行动守护文化遗存传承历史文脉，助力西安打造彰显中华文明的世界人文之都，以实际行动谱写新时代中国特色社会主义更加绚丽的华章，为全面建设社会主义现代化国家，实现中华民族伟大复兴贡献文化力量。她带领新一代易俗社人用实际行动诠释着："易俗社是一个鼻祖剧社、革命剧社、文化剧社，它的优良传统沿袭至今。新时代以来，易俗社正本清源，传德、传艺、传神，每个易俗社人殚精竭虑，做好守社人。"也鞭策着所有为传承而默默坚守的人，她将远大理想融入一言一行，不断砥砺前行，不忘初心，为新时代秦腔艺术的繁荣发展和建设社会主义现代化国家贡献"半

边天"力量，努力书写无愧于时代、无愧于人民、无愧于历史的巾帼华彩。

（本文根据易俗社提供材料整理撰写）

▣ 记者手记

古调新弹，唱响大秦正声

2024 年的第一场大雪落在古城墙和钟鼓楼上，竟让千年古都西安仿佛重现长安胜景，记者顶着鹅毛大雪去采访百年易俗社首位女掌门惠敏莉。"暮鼓晨钟"之侧的易俗社露天舞台，惠敏莉时而婉转、时而昂扬的秦歌女声伴雪飘舞，"戏里不知身是客 戏外才见雪漫天……"这一刻，台下冒雪观看演出的秦腔铁粉和台上冒热汗演出的艺术家，以戏为媒，一起"白了头"。

在易俗社中漫步浏览，可谓一步一景，每一个老物件里都有一段往事。记者看到庭院中一株海棠卓然而立，在扑簌簌的雪花中，让人想起"白雪却嫌春色晚，故穿庭树作飞花"的诗句。一袭红色大衣的惠敏莉傍于树侧，从这株海棠讲起易俗社的百年芳菲。她说："多年来，只要我推开易俗社的大门，看着庭院深深，花开花落，就觉得心里很踏实，肩上沉甸甸的。"

作为百年来的首位女社长，惠敏莉"挂帅"中华戏曲第一剧社，传承中华优秀传统文化，唱响新时代的秦腔魂、家国情、友谊颂。考虑的不再是自己的一方舞台，而是易俗社的永续发展。在她的推动下，以国家级非物质文化遗产重点保护单位易俗社为文化坐标的文化街区建成了，成为西安文旅的打卡地。

在文研院档案室里，惠敏莉拿起一枚"陕西易俗社"的证章说："这是毛主席 1950 年为易俗社题写的，被制成证章，发给全体社员佩戴。"易俗社的发展得到老一辈革命家的关心与呵护。习仲勋十分关心戏曲事业发展，多次接见易俗社演员，指出秦腔改革方向。在 1951 年易俗社改为公营时，习仲勋看到"热烈庆祝西安市人民政府接管易俗社"标语时说："易俗社是进步的文艺团体，演出了那么多进步的戏曲，对革命是有贡献的。不能叫接管，应该叫接办，接着办下去，办得更好！"

易俗社人不负先辈教诲，将易俗社发展壮大，为西北五省乃至全国培养出了数以万计的秦腔艺术家，让秦腔艺术不断开枝散叶。百余年来，无数的文化巨匠与易俗社发生互动，使易俗社成为一个 112 年从不停更的"文化账号"。一场场精彩演出，一段段岁月诗画，使享有中国多种戏曲鼻祖之称的秦腔为世人所熟知。

惠敏莉说："千百年来，我们一直用戏文的方式提高人们的世界观、文明观、道德观、文化观，用字里行间的曲调和鸣来温润人心。用一种黄土地上滋生出的豪迈气概，既能吼出英雄的豪情万丈、荡气回肠，也能够吟唱出儿女情长的温婉缠绵。同时，易俗社人在不同时代，都以独特的大秦正声诠释着革命剧社的时代担当与文化使命。"

芳华 **映照奋斗美** │ 2024
最美巾帼奋斗者故事汇

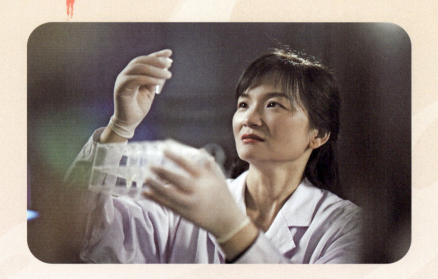

付巧妹

　　古遗传学专家，发展中国家科学院青年通讯院士，中国科学院古脊椎动物与古人类研究所副所长、博士生导师。荣获阿勒福赞奖、中国青年科技奖特别奖、科学探索奖、中国青年五四奖章、全国三八红旗手标兵、最美巾帼奋斗者等。

付巧妹：人类古DNA密码破译者

杨　华

2024年9月25日，我国科研团队实现了国际首个古代奶制品遗存宏基因组研究的新闻刷爆网络。古人是怎样发酵奶制品的？我国科研团队通过对迄今最早的奶酪制品——新疆小河墓地出土的"奶酪"样本进行研究，逐步揭开了这一秘密，研究成果在《细胞》杂志在线发表。科研团队中，付巧妹的名字赫然在列。

付巧妹非常忙，她做的科研工作，是用古DNA技术揭示人类，特别是东亚人的演化谜团，古老、神秘而又现代，她在工作与家庭、研究与闲暇之间的平衡术更令人钦佩。

一心求学　心无旁骛

在江西省北部的庐山南麓，鄱阳湖西岸，有一座2010年才正式设立的年轻城市，叫共青城。1983年12月，付巧妹就出生在这里。她有两个哥哥，因是家中老小，付巧妹总结自己小学和初中的学习生活是快乐又轻松。

　　付巧妹从小就对生物方面特别感兴趣，到了高中阶段，这种兴趣更是与日俱增。然而，因高考失利原本想着大学考取生物专业的付巧妹，误打误撞地进了西北大学的文物保护技术专业。"这其实是个文理交叉专业，以化学为主。"付巧妹说，"除此之外，我们还学习计算机、大学物理、考古和文物鉴定等课程。"

　　虽然在当时，付巧妹觉得这些课程设置太广且和所学专业不太相关，但后来的事实证明，本科阶段打下的这种综合基础对她后来开展研究工作有非常大的帮助。

　　大学期间，付巧妹各科成绩都名列前茅，数学、物理更是全班第一，每年都能拿到学校一等奖学金，也拿过国家奖学金。尽管如此，她还是勤工俭学，在博物馆当讲解员、给中学生做家教等。

　　大四那年，付巧妹得到了一个好消息：文物保护专业有2个保研名额，其中一个给了她。就在大家都为她高兴的时候，她却作出了令人吃惊的决定：放弃保研，报考中国科学院研究生院。她打电话给父母，得到了"你觉得行就去做！"的回复。拿定主意，付巧妹拾起斗志，冲刺考研。抱着"失败也没关系，只要全力以赴就好"的心态，付巧妹考了第一名。

　　在中国科学院研究生院，付巧妹的导师是王昌燧老师和胡耀武老师。王老师是我国科技考古的领头羊之一，胡老师也在生物考古领域颇有建树。在他们的悉心指导下，付巧妹向一个全新的领域进发：通过检测、分析骨骼中所含的同位素，研究早期人类的食谱。

本逆风而行，却一战成名

在研究生二年级的秋季的一天。王昌燧给付巧妹发了封邮件，大致意思是德国有个交流考察的机会，期限半年，如果表现得好可以留在那里读博士，问她是否有兴趣。付巧妹介绍，王老师说的是德国的马普学会，其实就是德国的"中科院"，学会下设有马普进化人类学研究所，主要是利用古 DNA 技术研究人类演化，在国际享有很高知名度，所长斯万特·帕博是古 DNA 的开拓者。付巧妹当即回复老师愿意前往的想法。"你还是再认真考虑一下，你现在学的专业和他们的研究是两个领域，隔行如隔山，去了就是从零开始，而

◆ 付巧妹与博士导师斯万特·帕博先生合影

且还有半年考察期，若不合格就会被遣返回国。""老师，您就让我去吧，我不怕挑战。"付巧妹坚定地说。

第一次走出国门时心里怵吗？"还好，更多的是新奇，而且是有关生物领域的研究，我十分感兴趣，就算再难，我也要试试。"付巧妹说。在她之前，马普进化人类学研究所不乏被淘汰和遣返的学生，中国、韩国、德国都有，有的学生苦熬一年，还是逃不过被刷的命运。"所里的想法就是，不适合这项研究就应该早日抽身，不要相互浪费时间。"去德国之前，付巧妹曾数次想象研究古DNA应是跟骨骼打交道，去了之后才发现，远不是如此，这项技术在国际属于新兴顶尖学科，是从残存的考古遗迹中提取DNA，从而分析、研究人类的演化历史。是纯粹的人类遗传学，与她之前所学差出"一个筋斗云"来。

那段时光曾一度被付巧妹称为至暗时刻，研究所的强度非常高，每周都要交流进展、碰撞思想、研讨项目。好在付巧妹是扛得住压力的，虽然专业方向完全不同，但她还是白加黑咬着牙啃下了这块硬骨头。

用古DNA技术研究人类演化的历史是一门典型的交叉学科，不仅需要掌握古人类学知识，还要会基因测序等新兴技术。于是，付巧妹一边恶补人类演化知识的短板，一边偷偷地钻研起生物信息技术。只用4个月的时间她就得到了导师和师兄们的认可。

"你不是学考古的吗，怎么还会计算机编程？"一位师兄问。

"我大学学的是文理交叉学科文物保护技术专业，学过一些这方面的内容，而且很感兴趣。"付巧妹这才松了口气。

付巧妹如是介绍自己的导师斯万特·帕博：学术严谨，对学生要求高。"他不是简简单单地教你怎么做,而是要你自己动脑、动手,做到他所希望的。"付巧妹说,在马普进化人类学研究所的经历,不仅为她确立了此后的研究方向,更培养了她严谨细致的工作作风和正确的科学理念。

博士阶段付巧妹的导师就让她牵头攻关了一个来自 4.5 万年前的西伯利亚股骨的核基因组研究。那是一根被命名为"Ust-Ishim"的人类股骨,在西伯利亚河的岸边沉睡了多年后被一位寻找象牙的艺术家偶然收藏,后经科学家测定,这是一根生活在距今大约 4.5 万年前的早期现代人的股骨,这根股骨的主人是在非洲和中亚之外所发现的最早有直接测年的早期现代人。

"看到它的时候,我就知道,这其中一定隐藏着诸多秘密,我要去揭开它。"付巧妹两眼放光地形容着初见股骨时的情形。为了揭开这个最古老的现代人的演化秘密,付巧妹首先通过估算划定所需的数据,提出要研究的关键问题,制定相应的解决方法;然后,又带领大家一步步深入挖掘……经过 10 多个月的不懈努力,团队终于得到了这个个体的线粒体、Y 染色体及核 DNA 数据,并在现代人研究领域的两大关键问题上取得了重要突破。

一是关于现代人的迁徙路径。在此之前,国际学术界比较一致的结论是,现代人祖先走出非洲的线路可能只有一条,即所谓的南线迁徙——他们离开非洲后,先抵达大洋洲的南部,然后进入亚洲和欧洲。而付巧妹通过综合分析,得出了这样的结论:与非洲人相比,该现代人祖先更加接近亚欧大陆的群体,但既不具备某一亚洲、古欧洲和古北亚群体的特征,又不具备安达曼尼科巴群岛昂格人的特征,而安达曼尼科巴群岛昂格人与大洋洲人的遗传特征接近。这

说明，现代人祖先走出非洲的路线并非只有单一的南线，而是存在多种路线的可能，实际情况远比人们想象的复杂。

二是现代人祖先与古人类基因交流的时间。付巧妹在研究中发现，这块股骨中的遗传物质存在与尼安德特人的基因交流，时间大概在距今 6 万年到 5 万年。而在此之前，科学家推测，现代人祖先与尼安德特人的基因交流发生在距今 8.6 万年至 3.7 万年。付巧妹的研究将这一时间范围缩小了 2 万年至 3 万年。没错，付巧妹改写了这一历史，一战成名。

导师斯万特·帕博这样评价自己的爱徒：付巧妹是我最出色的学生之一。

潜心耕耘，静待花开

2014 年，在马普进化人类学研究所演化遗传系做完博士后研究，付巧妹又转到美国哈佛大学医学院研究人类群体遗传学，到 2015 年年底，毅然回国担任中科院古脊椎动物与古人类研究所新成立的古 DNA 实验室主任。时年 32 岁的她成为该研究所最年轻的实验室掌门之一。

"讲起中国科学院古 DNA 实验室的成立，也是'蓄谋已久'。"付巧妹说，她在国外留学时，就利用回国探亲的机会，往返奔波、着力筹建这个实验室。她从未想待在国外。

已在利用古 DNA 技术研究欧洲古人类与早期现代人演化方面颇有建树的付巧妹，开始把研究的视野转向亚洲。在这个领域，亚洲人特别是东亚人的研究几乎还是一片空白。付巧妹野心勃勃，希望

◆付巧妹与实验室团队

在东亚的土地上，还原亚洲人特别是东亚人的演化历史，进而填补人类演化史上的学术空白。

什么是古 DNA 技术？付巧妹解释说，在古 DNA 技术出现之前，人类演化研究主要用两种方法：一种是体质人类学方法，另一种是利用当今现代人的 DNA 进行溯源反推。这两种方法都有一定的局限性，前者停留在形态学层面，后者则无法捕捉那些已消失的人类群体的 DNA 信息。

20 世纪 80 年代，古 DNA 技术应运而生，并从 21 世纪初开始大放异彩。"古 DNA 技术是基于现代分子生物学技术发展起来的、从古代人类和动植物遗骸中提取和分析古 DNA 信息的方法。"付巧妹说，该技术解决了许多传统手段无法解决的问题。"借助古 DNA 技术，我们能直接观察古代个体的遗传成分和基因的混杂模式，而且个体古 DNA 数据本身及其数据集，就能在很大程度上反映群体的

遗传特征，成为研究不同地区古人类和现代人演化特点和动态变化的利器。"

而利用古 DNA 技术从古生物样本中捕获内源 DNA，绝非易事：生物遗骸中的 DNA 片段经过漫长的自然降解变得支离破碎、含量极低，提取困难；温暖潮湿的气候使样本里 DNA 的保存状况更加糟糕；微生物 DNA 的大量入侵和污染，更让内源 DNA 提取难上加难。

回国以后，付巧妹一边组建团队，一边培养学生，一边潜心耕耘、开疆拓土。

早在 2013 年，付巧妹主导开发的古核基因组捕获技术，实现了把仅占 0.03% 的人类 DNA 从海量的微生物 DNA 中吸附、分离、富集，并提取出来。而后，她又主导设计出 1240K 关键位点探针，实现古代人类全基因组范围研究。截止到 2021 年 6 月，人类古基因组数据超过 6000 例，超过三分之二来自全基因组范围的捕获数据。

开发出新技术只是第一步。利用古 DNA 研究人类演化，还离不开与考古、生物信息、群体遗传等学科的密切协同，付巧妹面临诸多挑战。近年来，她带领团队筚路蓝缕、潜心耕耘，不断刷新人类对自身历史的认知。

2016 年，付巧妹团队与国际团队合作，在《自然》杂志发表欧亚 51 个末次冰河时期人类个体的古基因组研究成果，翔实绘制出冰河时期欧亚人群的动态遗传历史。因"首次在时空大框架下展示出旧石器时代晚期的人群动态遗传历史"，被评为"2016 年度中国古生物学十大进展"之一。

2017 年，她又与团队对田园洞人个体进行 DNA 测序，完成了中国第一例人类古基因组，这是东亚迄今发现的最早的现代人基因组，该基因组填补了东亚在地理和时间尺度上的空白。

2018 年，付巧妹团队从 2.2 万年前的大熊猫化石中提取、捕获了一个完整的线粒体，并对其基因组进行了测序。这是迄今为止进行基因组测序的最古老的大熊猫，为科学家准确还原大熊猫的进化历史提供了重要的科学依据。

2020 年 5 月，付巧妹团队在《科学》发表论文，首次正式发表关于东亚，尤其是中国南方、北方人群规模性、系统性的史前基因组研究。该工作证明了中国史前人群的南北分化格局、内部融合过程、迁徙扩散模式及人群的主体连续性，并展示了南岛语系人群的中国南方起源及迁徙流动在亚洲沿海人群史前史中所起的重要作用。

这项历时 8 年之久的工作，填补了东方尤其是中国史前人类遗传、演化、适应方面的重要信息，为解答中国人"我是谁？""我从哪里来？"等问题提供了启示。

2023 年 6 月，付巧妹在法国巴黎联合国教科文组织总部被授予联合国教科文组织阿勒福赞奖，成为首位获得此奖的中国科学家，为我国在科技创新领域赢得赞誉和重要国际影响。付巧妹说，我们是谁？又从何而来？一直以来，人类起源之谜始终让人充满好奇，并为之探索不止。她相信，在时间长河里，古 DNA 研究一定会体现出自身的价值，如同一座灯塔，照亮人类的路。

付巧妹坦言，自己的科研风格时常伴随着强烈的自我怀疑。这并不代表她没有信心，而是更接近真相的必经之路。每当得到一个

◆ 付巧妹获得阿勒福赞奖后作演讲

可能改变之前认识的结果时，她的第一反应并不是"兴奋""高兴"，而是"我是不是犯了什么错误"，担心样本有污染或者分析的方法有错误，然后是不停地自我"找茬"和论证。所有办法都试过了，结论确信无疑，才能放松下来。

"研究生生涯对我影响最大的便是学会质疑。"付巧妹说，"现在，我努力将质疑精神传递给自己的学生，鼓励他们更早地尝试去挑战权威，反复验证，很多重大突破就是在此时产生的。"

更新开菲尔乳酸菌传播历史

2024 年 9 月 25 日，国际顶尖学术期刊《细胞》上一篇《青铜时代奶制品揭示进化尺度上人类与乳酸菌的相互作用历史》的研究论文在科学界引发广泛关注，这也是付巧妹的杰作。这项研究是国际首个古代奶制品遗存宏基因组研究，被选为《细胞》重点推荐论文。

在网页上搜索"开菲尔菌种"，你会得到一堆白菜花颗粒状的图片，花上几十块钱就能用它自制酸奶，发酵奶酪。而这种制作乳制品的方法，早在 4000 年前，就已经被生活在楼兰小河墓地的古人掌握了。

过去 11 年，付巧妹团队联合中国科学院大学教授杨益民以及新疆文物考古研究所等单位，针对新疆小河墓地出土的世界最早奶酪进行了国际首个古代奶制品遗存宏基因组研究，用全新的古分子证据揭开了古人群对微生物的应用驯化和传播交流历史。

2003 年，小河墓地出土了一具约 4000 年前的女干尸，由于尸体保存得相当完整，加上混血的美貌，被考古学家称为"小河公主"。2010 年后，考古学家在"小河公主"颈部和胸部发现了一些淡黄色块状物，其腰侧随葬草篓中则有大量颗粒状物质。

经过近 4 年的研究，杨益民团队与德国马克斯·普朗克分子细胞生物学与遗传学研究所的科研人员发现，这些块状物和颗粒状物质均由不同蛋白质组成。颗粒状物质的蛋白组成接近全奶，而块状物的乳清蛋白含量较低，以酪蛋白为主，证明是奶酪。随后，科研人员还陆续揭开了这种奶酪的制作工艺细节，确认是由开菲尔乳酸菌发酵生产。

这几块全球最早的奶酪实物吸引了许多人的关注，其中就包括付巧妹。"奶酪的保存非常困难。这些实物得益于小河墓地独特的干燥条件，从而保存下来。"付巧妹有了一个大胆的猜想：这款奶酪中或许还存有开菲尔乳酸菌的古 DNA。然而，此前从未有科学家提取过这类古 DNA。

　　然而，历经时间洗礼，其中的乳酸菌含量仅有 0.43%—0.55%，很难捕获。为了获取数据，付巧妹和团队历经 11 年探索，自主设计了 70 余万个乳酸菌全基因组位点探针，从样本中捕获富集到 64%—80% 的乳酸菌 DNA，让古代微生物的全基因组研究成为可能。最终，付巧妹团队从这 3 例古老奶酪样本中提取出基因组深度达 26x 高质量的古代开菲尔乳酸菌基因组。

　　付巧妹介绍，古人群通过食用发酵奶制品摄入大量发酵微生物，这些有益的共生微生物伴随着环境压力、人类活动、技术文化的变迁，通过长时间与人类体内其他肠道微生物群落的相互作用，其本身的基因组也发生了相应的演变。

　　"像开菲尔乳酸菌这样长时间被人类利用的菌株，除了本身的适应性演化外，人类长时间的应用和驯化很可能也影响了开菲尔乳酸菌的演化。"付巧妹说。也就是说，微生物的基因组在与环境的互动中发生了变化，以更好地适应人类的需求和生活方式。人类通过偏向性的选择和利用改造了发酵微生物，而与此同时，人类也在一定程度上被发酵微生物所影响和塑造。这种共生关系极大丰富了古代人类的食物资源，对古代人类的健康产生积极影响，同时推动了发酵工艺相关的文化和技术的进步。这项研究以与人类活动和生业模式息息相关的共生微生物为突破口，用前所未有的古分子证据揭开过去人群对微生物的应用驯化和传播交流历史，从分子机制层面厘清相关菌株的引入、传播和演变历程，为深入理解相关人群技术文化的交流和发展，与环境高度动态的相互作用提供了全新思路和独特维度。

　　对于这项从分子机制层面厘清相关菌株的引入、传播和演变历程的研究，国际专家评价："这一首例来自考古样本的共生微生物基因组意义重大，为欧亚草原中部人群的迁徙交流与微生物驯化历史带来新认识。"哈佛教授评价，"这开辟了古 DNA 研究的新前沿领域"。

科学与母职之旅

10 多年来，大众只看到付巧妹在工作上的累累硕果，殊不知，她在生活中也收获颇丰。在她成为中科院古脊椎动物与古人类研究所研究员之前，可爱的女儿已经出生，她也正式开启了一边带团队，一边带孩子的生活。

讲到家庭，付巧妹满是感激："多亏了家人，他们都非常支持我的工作，让我安心工作，追逐梦想。"但是，付巧妹知道，家人能陪伴孩子照顾孩子，但终究不能替代妈妈，特别是上幼儿园和上小学的孩子，更需要妈妈的陪伴。

由于工作繁忙，作为科学家的付巧妹偶尔也会与女儿们"讨价还价"。"我女儿就觉得我忙，想让我多陪陪她们，我就'先发制人'，问她们是希望我早晨送去学校，还是下午接回家，只能择一。在她们思考的时候我就会说，'接的话妈妈除了能多工作一会儿外，还可以陪着玩一会儿，如果送的话就很匆忙，也没有长长的时间在一起。'"一般听了付巧妹的话，女儿们都会选择让她放学来接。

付巧妹认为，母亲的角色并不妨碍她追求职业上的卓越。她通过自己的行动，向孩子们展示了如何对工作充满热情和投入，同时也教会她们如何面对挑战和困难，通过观察和模仿，孩子们能够学习到坚持和努力的重要性。

在教育孩子时，付巧妹强调好奇心和探索精神的重要性。她鼓

励孩子们提出问题，并一起寻找答案。这种方法不仅增强了孩子们的逻辑思维能力，也培养了她们对知识的渴望。

尽管工作繁忙，付巧妹总是尽量抽出时间与孩子们共度时光。她说，与孩子们的互动是生活中最宝贵的部分之一，通过参与孩子们的日常活动，如一起阅读、玩游戏和探索自然，来加强与孩子们的联系。

当然，付巧妹也不是神，一天的时间也只有24小时，如何在搞好科研的同时照顾好孩子？

她自有妙招。比如，早起晚睡。她一般6点起床，晚上哄孩子睡觉后继续工作，一般要干到十一二点。再比如，随时随地办公。不管是火车上、飞机上，还是开会的间隙，付巧妹打开笔记本电脑就会进入工作状态。对她而言，哪儿都是办公室。

在付巧妹看来，家庭和工作非但不矛盾，还能与孩子一起成长。"尽管孩子还小，但经常会问一些很有逻辑的问题，而且有些问题会让你觉得，这还不简简单单是好奇心的问题，她们探究世界时的很多问题和角度，足以引发大人去思考。"在她看来，培养孩子的过程，也是自己思考的过程。

除带孩子有妙招外，付巧妹还很会玩儿。一次，所里搞新年联欢，付巧妹就和所里的姐妹登台献艺。载歌载舞，有模有样。付巧妹还学过瑜伽、攀岩、健身操、广场舞……标准的"全能"人才。"也说不上什么都会，只是能做下来。"付巧妹说，其实很多东西都是相通的，关键是要用心琢磨其中的规律和技巧。

"科学研究是一个非常特殊的工种，其中的苦与乐常常交织在一起。人生每个阶段的困难都不一样，到现在也是一样。之所以愿意这样努力，这样专注，是因为对做的事情感兴趣。如果是做感兴趣的事情就很容易专注，不感兴趣可能就不那样了。做科研最吸引我的，就是探索未知。在这个过程中做一些事，包括计算什么的，都让我感觉很快乐。当然，在得不到答案的时候也很痛苦。总体来说，我还是享受这种过程的。"付巧妹说。

付巧妹坦陈，做科研是挺苦的，但自己没觉得苦。"我们是想还原人类演化的过程，搞清楚这个过程中发生了什么，也就是我们的祖先一路是怎么走过来，走到今天的。我的工作跟任何其他科学一样，有太多的未知。人类演化的这个过程并不是我们此前想象或认为的那样，有很多事是我们想不到的。这些事情就发生在过去的人身上，是人类祖先的故事，而我们作为他们的后代，弄清这些事情就能知道我们自己是怎么来的，想想这个过程就很让人兴奋。"

付巧妹举了一个例子：大家都知道欧洲人是白皮肤、蓝眼睛，但实际上欧洲人并不是大家通常所认为的那样，一开始就是白皮肤、蓝眼睛。他们团队在 2016 年的研究工作中发现，1.4 万年以后的欧洲人才出现蓝色的眼睛，之前他们的眼睛是深色的。1.4 万年之后，虽然他们已拥有蓝色的眼睛，但皮肤依然是深色的，淡色皮肤出现的时间比蓝眼睛还要晚。

"当然，你不知道这些也不会对你的生活有多大影响。但是，当你第一次知道真相时，是不是会觉得很惊讶，很神奇？这种精神上的愉悦，是不是也是一种幸福？"付巧妹兴奋地说。

远古人类　永无定论

在一些刻板印象中，遥远艰涩的古遗传学学科常被评点为"不

怎么有经济价值，和业务等实在的功用没多大关系"。但在付巧妹眼中，如果全以经济价值来评判是件"太可怕"的事——"人类社会可能就不存在了。"

虽然人类的迁徙通常是为了趋利避害，更好地生存，但研究结果已显示，至少早期人类很可能是分散着进入亚洲，并非只有一个"最快、最短、最方便"的单一路径。研究数万年前的人类演化，专业上的经历带给付巧妹思考："永远不要固化，不要基于现有的经验去判断。"至于远古人类的更多意义，付巧妹觉得，永无定论。

"不要有太多的功利心，很多事要是能解释出来究竟怎么有用，那已经是基于一个框架里'狭隘'的评判了。"

同样，史前人类的迁徙，几万年前的人类特征，关于人类演化进程，再恢宏庞大的命题都要碾进如今日复一日的研究中，一点点推着完成。迄今最长的一项研究，付巧妹进行了 11 年，仍在继续。

◆ 付巧妹作人类古基因研究的科普宣讲

在浩如烟海的遗传信息里挖掘、筛选并解析有效信息，就好像在没有方向的情况下去森林里寻宝。问题与答案都充满着不定向。可以关注群体的特征，如古代人有什么特点，但太大的问题使人迷失；也可以侧重个体的信息，但还要警惕，太小的问题难以抓住。

早上五六点起床，考虑全天的研究计划；在开会间隙或出差路上，打开电脑就进入工作模式……"马不停蹄"是付巧妹真实的工作写照。

付巧妹所在的科研团队平均年龄只有三十几岁，凭借技术创新和自主研究为国家争光。2021 年，在纪念人类全基因组草图发表 20 周年之际，付巧妹受《科学》杂志特刊邀请，领衔人类古基因组领域发表研究综述，首次系统梳理数万年来世界范围古人群迁徙交流动态与遗传演化格局，彰显我国在更新和丰富人类起源与演化历史研究中作出的重要贡献。

2022 年、2024 年，付巧妹相继受《细胞》杂志特刊和 50 周年专刊邀请，领衔古遗传学领域发表技术评述和专题评论，进一步凸显我国在相关领域的国际话语权和地位。

"我们的研究只是揭开了冰山一角。"付巧妹正带领这支年轻的团队奋力前行，持续书写人类演化史中的东亚篇章。

终极目标是什么？付巧妹答：将古代人类基因组所有的重要信息全部挖掘出来，没有错漏。这并非易事，就好像在没有病历的情况下，检查出一个人所有的疾病既要全面又要精准。

慢慢厘清人类演化的历史脉络，绘制出一幅完整的人类演化谱图，是所有古 DNA 研究者共同希冀的梦想。"另一个梦想是希望有生之年找到属于东亚人自己的，特有的古人类。"付巧妹说。

当然，付巧妹也有很多再近一点的目标：东亚人究竟经历了什么，形成了现在这样的格局？是什么使东亚人的毛发、皮肤与欧洲人产生了区别……

如同付巧妹所喜欢的攀岩——大目标是懵懂的登顶，小目标则是眼前，力所能及范围里，可行的，能够摸索到的一颗颗小石头，一次只能踩一处，但连续延伸着就可以走很远。

那是她在德国与同事们交往时收获的爱好。来源于远古人类在岩间的翻转腾挪，这项被称为"岩间芭蕾"的运动，需要技巧，也需要冒险精神。

攀到高处，再次回望，才能看到一些来路上不曾发现的风景。

"不必在意眼前的事到底要有什么意义。唯一要想的就是：你内心深处最想做的事，是不是一直在坚持？"付巧妹说。

▣ 记者手记

只要梦想和坚持还在，终能熠熠生辉

几经邀约，终于获得了与付巧妹的对话时间，她真的太忙了，开讲座、做研究、写文章、带学生……几乎占据了她的全部时间。在这场对话中，付巧妹带着我一起回顾了她的科研旅程，热爱、执拗、跌宕起伏。

付巧妹的研究聚焦于演化遗传学，特别是人类古基因组学。她的工作，用她自己的话来说，就是在破解地球46亿年历史中"最后38秒"里的无数未知谜题。她的研究成果常常与"首次揭秘""重新改写"等关键词联系在一起，为我们理解人类的起源与演化提供了新的视角。付巧妹和她的团队通过创新古 DNA 实验技术，从遗传学角度深入探索人类及其伴生物种的起源与演化历史。她的研究不仅破译了东亚最古老的现代人基因组，还解锁了冰河时期欧亚人群图谱，系统绘制出东亚 4 万年来人群的动态遗传历史。

在付巧妹看来，科研精神的核心是好奇心和坚持。她分享了自己的科研经历，从最初的好奇探索，到面对困难时的坚持不懈，再到最终的突破和发现。付巧妹说，是好奇心驱使自己一直想去探索未知的事物，这彰显了兴趣和热爱的重要性。在德国深造时，没有古基因领域基础的付巧妹，通过看文献补课，以勤奋和好学打动了国际古基因领域的资深教授。科研之路虽然充满挑战，但只要保持好奇心和坚持不懈，就能不断前进。

在科研工作中，付巧妹从未因性别而有所区分，她认为科研的高要求与性别无关，女性在科研领域有着独特的优势，比如细致的观察力和坚韧的毅力。她呼吁社会给予女性科研工作者更多的支持和机会，让她们能够在科研领域中发挥更大的作用。采访中，付巧妹几次提到"团队向心力"，她不仅关心年轻人的科研工作，更关心他们的实际需求。她会尽可能创造上升空间，鼓励年轻人有奋斗的冲劲。她带领的古 DNA 研究团队已经是古遗传学领域具有广泛国际影响力、为匮乏的东亚人群演化研究打开局面的国内研究团队。

当然，付巧妹在工作与家庭、研究与休闲之间的平衡术，令人佩服。科研和家庭并不是对立的，而是可以相互促进的。作为 3 个孩子的母亲，付巧妹分享了自己如何在繁忙的科研工作中，依然保持与家人的亲密关系，以及如何从家庭生活中汲取科研的灵感。她

说，平衡科研与家庭对她来说是一个挑战，但幸运的是，她找到了那个"平衡点"。

付巧妹的故事不仅是关于科学的探索，也是关于个人成长和社会责任的启示。她用自己的行动证明了，无论面对多大的挑战，只要有热爱和坚持，就能在科研的道路上不断前行，为人类的知识宝库增添光彩。

付巧妹的科研旅程不仅是对知识的探索，更是对生命意义的深刻追问，她的故事，如同她研究的古DNA一样，充满了神秘和魅力。在与付巧妹的深入对话中，作为记者，我被她的热情、智慧和坚韧打动，我也感受到了她对科学的热爱和对未知的好奇心，以及她在科研与家庭之间寻找平衡的智慧。她的故事激励着我，无关性别，只要梦想和坚持还在，理想终能熠熠生辉。